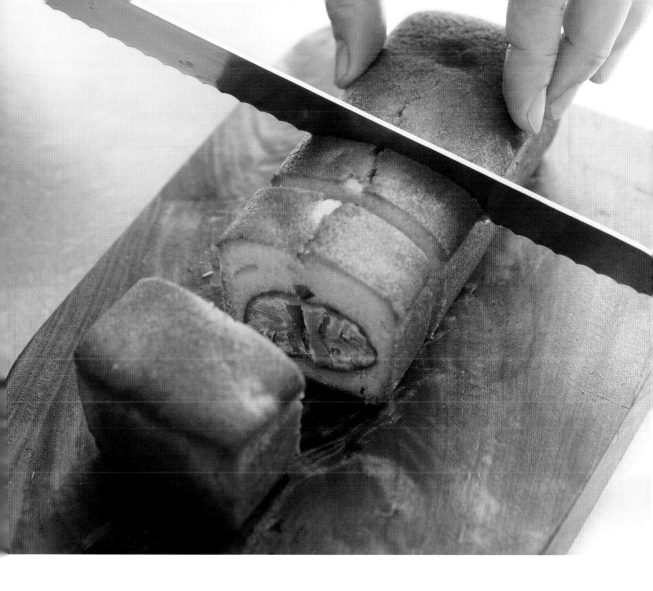

季節をとじ込める
果物とお菓子のレッスン

シロップ漬け、コンフィ、セミドライ、ジャム、ケーキ

森岡麻以

エムディエヌコーポレーション

はじめに

　今はライフワークとなっている私の栗仕事、杏仕事、そしてサワーチェリーや青梅の加工は、元をたどるとどこに原点があるのだろうと考えてみました。
　思い出されるのは大学生のころ、夏休みや冬休みを利用して高原のペンションでアルバイトをしていたときのことです。ご主人が元フランス料理のシェフ、というオーナー夫妻の料理の手伝いなどをしていたのですが、そのペンションには地下室があり、薄暗く少しヒヤッとする小部屋には棚にずらりとたくさんの瓶詰めが並んでいたのです。そして今日はこれを使おう、と地下から瓶詰めを持って上がり、充実した料理と心のこもったデザートをお出ししていたように覚えています。
　若いころのこんな記憶と憧れがずっと頭の中にあって、今の暮らしにつながっているのだと思います。

　お菓子教室では、レシピには書かれていない行間をお伝えしています。それは実際の手の動かし方やクリームのしぼり方など以外に、季節や素材による違いからくる注意点や、お店とは違ってケーキ1台を作る、というおうち製菓ならではの、少量で作るとき特有の陥りやすい点やコツなどです。
　ですからそんな自分がレシピを書いてそれが本になる、などということは、以前の私には考えられないことでした。
　しかし、この本には私がレッスンするならお話しするであろう細かなことまで文字通り行間に入れていただくことができ、ミル・ガトーらしい一冊になったのではないかと思います。

　果物加工や瓶詰め、そこから始まるお菓子作りの魅力と楽しさをお伝えできれば幸いです。

はじめに ……………… 2

瓶詰めの基本 ……… 6
　基本の道具について
　　　　　　　　……… 6
　瓶の消毒について … 7
　脱気について ……… 8
レシピの決まりごと … 10

Chapitre 1
Châtaigne
栗 ………………… 11

栗について ………… 12
おもな栗の品種と特徴
　　　　　　　　……… 13
私の栗仕事 ………… 13
栗の保存 …………… 14
虫止め ……………… 14
栗のむき方 ………… 15

Bases
基本 ………………… 16
栗の渋皮煮 ………… 16
ぽろたんのマロングラッセ
　　　　　　　　……… 20
栗の粗つぶしペースト
　　　　　　　　……… 22
栗ジャム …………… 23
栗の甘露煮 ………… 24

Variations
栗のお菓子 ………… 26
モンブラン ………… 28
栗の白いロールケーキ
　　　　　　　　……… 30
栗のケイク ………… 32
栗の贅沢チーズケーキ
　　　　　　　　……… 34
栗蒸し羊羹 ………… 36
栗きんとん ………… 38

Chapitre 2
Abricot
杏 ………………… 39

杏について ………… 40
おすすめの品種 …… 40
私の杏仕事 ………… 41
杏の保存 …………… 41

Bases
基本 ………………… 42
杏のシロップ漬け … 42
杏のコンフィ ……… 44
杏のセミドライ …… 45
杏ジャム …………… 46

Variations
杏のお菓子 ………… 48
種から作る杏仁豆腐
　　　　　　　　……… 49
杏のムースケーキ … 50
杏のティータルト … 52
杏のスティックケーキ
　　　　　　　　……… 56

Chapitre 3
Prune verte
青梅 ……………… 57

青梅について ……… 58
私の梅仕事 ………… 59
青梅の保存 ………… 59

Bases
基本 ………………… 60
青梅シロップ ……… 61
青梅のコンフィ …… 62
青梅のセミドライ … 63
青梅の翡翠煮 ……… 64
青梅のジャム ……… 67

Variations
青梅のお菓子 ……… 68
青梅のヴェリーヌ … 69
青梅翡翠煮のゼリーよせ
　　　　　　　　……… 70
青梅の水まんじゅう
　　　　　　　　……… 72

Contenu

Chapitre 4

Cerise aigre

サワーチェリー …… 73

サワーチェリーについて
……………… 74
おすすめの品種 …… 74
私のサワーチェリー仕事
…………………… 75
サワーチェリーの保存
…………………… 75

Bases
基本 ……………… 76
サワーチェリーの
　キルシュ漬け …… 77
サワーチェリーの
　シロップ漬け …… 78
サワーチェリージャム
…………………… 79
サワーチェリーのコンフィ
…………………… 81

Variations
サワーチェリーのお菓子
…………………… 82
サワーチェリーのジュレと
　マスカルポーネの
　パンナコッタ …… 83
サワーチェリーの
　チョコレートケーキ
…………………… 84
チェリーボンボン …… 88

Chapitre 5

Agrumes

柑橘類 …………… 91

柑橘類について …… 92
おすすめの品種 …… 92
私の柑橘仕事 ……… 93
柑橘類の保存 ……… 93

Bases
基本 ……………… 94
オレンジコンフィ …… 94
金柑の焼酎煮 ……… 96
金柑コンフィ ……… 98
みかんジャム ……… 99
無農薬夏みかんの
　マーマレード …… 100
国産ミックスの
　マーマレード …… 101
レモンのマーマレード
…………………… 102
レモンカード ……… 103
河内晩柑のピール … 104

Variations
柑橘類のお菓子 …… 106
オランジェット …… 107
オレンジコンフィの
　アップサイドダウンケーキ
…………………… 108

Chapitre 6

Confiture et sirop

ジャムとシロップ
…………………… 111

ポーリッシュ・スコーン
…………………… 112
紅玉ジャム ……… 114
りんごのゼリージャム
…………………… 116
プラムジャム ……… 117
ブルーベリージャム
…………………… 118
ラズベリージャム … 119
ルバーブジャム …… 120
レッドカラントジャム
…………………… 121
冬瓜ジャム ……… 122
赤じそシロップ（濃縮タイプ）
…………………… 123
新しょうがのシロップ
…………………… 124

フォンダンの作り方／チョコレートのテンパリングの方法 ……… 90
色鮮やかにおいしく仕上げるジャム作りのコツ ……………… 110

おわりに …………… 126

瓶詰めの基本

はじめに、安全な瓶詰めを作るのに知っておいてほしいことをご紹介します。

基本の道具について

瓶詰めを作るときに使っている道具を紹介します。基本的にはご自分が使いやすい道具で大丈夫ですが、
使いやすいポイントなどもありますので参考にしてください。

鍋

果物など酸性のものを調理するときはステンレス、またはホーローの鍋がおすすめです。栗の加工には、風味を損なわない圧力鍋も重宝します。

ボウル・ざる・バット

ボウルはステンレス製または耐熱ガラス製がおすすめです。角ざるとバットは瓶の乾燥などに、大きめのざるは素材の下処理などに便利です。

瓶

酸に強くにおいもつきにくいガラス製の瓶が保存には適しています。蓋は、スクリューキャップ（ねじ式）とツメのあるツイストキャップがあります。

木ベラ・ゴムベラ

鍋の中のものを混ぜたり、つぶしたりするときに使います。ゴムベラは耐熱性が高いものを使いましょう。

レードル・網杓子

アクを取ったり、ジャムなどを瓶に詰めるときに使います。さまざまなサイズの瓶を使うなら、レードルも大きいサイズと小さいサイズのものがあると便利です。

トング・ゴム手袋

瓶の消毒、脱気作業のときに使います。熱い瓶を持つので、ゴム手袋は厚手のものがよいでしょう。

はかり・温度計

お菓子作りにはかり（デジタルスケール）は必須。スティックタイプの温度計は、沸いている液体や生地内部の温度を測定するのに使います。衛生的で使いやすい非接触タイプは表面温度の測定に使用します。誤差の少ないものを選びましょう。

ガーゼ・お茶パック

ガーゼは汁を絞ったり、こしたりするときに使います。マロングラッセを作るときにも実崩れを防ぐために使います。お茶パックは、ジャム作りのときには種を、栗きんとん作りのときにはクチナシの実を入れるのに使います。

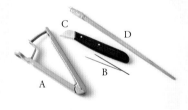

その他の道具

Aはチェリーの種抜き用の道具です。Bの布団針は、栗の固さを確認したり、梅のヘタを取るのに使います。Cのナッツナイフは、栗の皮むきに使用。Dは割り箸に縫い針4本をテープで巻きつけたもので、梅の針打ちに使います。

瓶の消毒について

瓶に雑菌がついていると腐敗を早めます。食品を詰める前には必ず瓶の消毒をしましょう。

煮沸消毒の方法

大きな鍋に、よく洗った瓶とかぶるくらいの水を入れ、中火でゆっくり沸騰させます。新しい瓶なら沸騰後 2 〜 3 分、使い回しの瓶なら沸騰後10分は火にかけましょう。

瓶を取り出し、清潔な角ざるやキッチンペーパーの上に口を下にして置き、そのまま自然乾燥させます。渋皮煮やシロップ漬けなどは水滴が残っていても大丈夫です。

蓋は長く煮沸するとシリコン部分が劣化しやすくなるので、瓶を取り出した後の湯に入れ、10秒ほどで引き上げましょう。また、蓋は使い回しはせず、新しいものを使います。

アルコール消毒の方法

食品用アルコールをスプレーボトルに入れ、瓶に吹きかけます。瓶にまんべんなくかかるようにするのが大切なので、瓶から少し離し、勢いよく吹きつけるのがポイントです。

脱気について

脱気とは、瓶の中の空気を逃がし、内圧を下げる作業のことです。
これをすると瓶詰めを長期保存することができます。

脱気のメカニズム

「瓶詰め脱気」と、ひとまとめで表現するくらい、瓶詰めと切っても切り離せない「脱気」という作業。ジャムや栗の渋皮煮のワークショップの際にも「脱気がちゃんとできているのか不安で参加しました」という方が多くいらっしゃいます。脱気は何のためにして、一体何が起こっているのかがわかれば、自信を持って常温保存の瓶詰めを作ることができると思います。

脱気というのは、瓶詰めの中身と蓋の間にある空気を加熱によって膨張させ、パンパンになったところで蓋をずらしちょっとだけ隙間を作って、シュッと逃がしてあげることです。その状態で蓋を閉め常温に冷めると、残った空気の体積が小さくなっていきます。この残った空気が小さくなるにつれ、ぎゅ〜っと中から蓋を引っ張ってくれるので、脱気が成功したときには冷めると蓋が少しだけ凹んで見えるのです。

そして、その引っ張る力が蓋と瓶を密着させ、外の空気や菌が入り込まない状態にしてくれているわけです。瓶詰めを開封する際に、シュポンッと音がするのはうまく脱気できていた証拠です。

ですので、確実に脱気をするには、瓶の首の部分にある程度の空気が必要なのです。中身を口の近くまで入れてしまうと、中から引っ張ってくれるはずの空気の量が足りないために蓋の密閉度が下がってしまいますので、注意が必要です。

また、脱気終了後に瓶を逆さにすることは通常私はしません。私が作る瓶詰めの中で逆さにする必要があるのは杏のシロップ漬け（→P.42）のときだけ。逆さにすると蓋の裏側に中身がべっとりついてしまい、開けたときにそこだけ少し酸化して中身が変色していることがあるのも避けたいですし、カビの原因になることもあるようです。きちんと脱気してあれば、逆さにしなくて大丈夫です。

脱気をしない場合

脱気処理を必要としない場合、例えば少量のジャムなどの瓶詰めを作って、常温保存や長期保存をしない場合は、アルコールスプレーで瓶も蓋も消毒して中身を多めに入れて逆さにして冷ます、という簡易消毒的な方法は理にかなっていると思います。

脱気の方法

＊ここでは基本の瓶(ツイストキャップ)の脱気方法の流れを紹介します。

1

大きな鍋に湯を沸かしておく。

＊瓶を煮沸消毒した鍋と湯をそのまま利用できます。

2

煮沸消毒した瓶の首のつけ根の溝のあたりまで、熱々のジャムを注ぎ入れる(ⓐ)。

＊ジャムがこぼれて溝についてしまったら、必ずキッチンペーパーできれいにふき取ります。あればアルコールスプレーをかけておくと安心です。

3

瓶の蓋を手ごたえのあるところまで軽く閉め、そこからさらに数ミリ程度少しだけ力を入れて閉める。

＊あまり軽く閉めすぎても加熱中に蓋が外れてしまうことがあります。

4

湯が沸いた鍋に布巾か厚手のキッチンペーパーを敷いて、瓶を並べる。

＊キッチンペーパーは中央を少し破っておくと沸いてくる気泡で浮き上がるのを防ぎます(ⓑ)。湯の量は瓶の肩くらいまでです(ⓒ)。

5

鍋の蓋をして、再び沸騰したら弱火にし、10〜12分ほど加熱する(ⓓ)。

＊火を弱めても蓋がガタガタするようなら、菜箸などを差し入れてほんの少し開けておきます。加熱の時間は瓶と中身の容量と元々の温度によって変わります。10〜12分は瓶の中の中央が90℃になるのに必要な時間です。

6

一旦取り出し、蓋を開ける方向に一瞬ねじり、膨張した中の空気を逃がす(脱気)(ⓔ)。すぐに蓋をしっかり閉めて鍋に戻し、さらに3分間、弱火で加熱する。

＊取り出すときには蓋ではなく、必ず瓶の肩のあたりを持つようにします。蓋が外れて瓶を落としてしまうことがあるからです。ジャム瓶の蓋を開けて中を見るようなことはしないでくださいね。一瞬だけ隙間ができることで加熱により膨張した空気がシュッと外に抜ける手応えがあります。これが脱気の瞬間です。スクリューキャップも工程は同じですが、強く閉めすぎると開かなくなりますので、ご注意を。スリムな瓶や小さい瓶の場合、あまり手応えがないこともありますが、中身が十分に加熱されていれば大丈夫なことがほとんどです。

脱気が終了したら、ひっくり返すことはせず、立てたまま速やかに脱気の鍋の湯を利用して冷却します。

＊色鮮やかにおいしく仕上げるジャム作りのコツ参照(→P.110)。

レシピの決まりごと

・各章の前半（Bases）は素材を長期間、存分に楽しむための加工方法を紹介しています。加工するのに時間がかかるものもありますので、所要時間を確認してから始めましょう。

・各章の後半（Variations）は、加工した素材を使ったお菓子のレシピを紹介しています。

・「所要時間」には脱気の時間は含まれていません。脱気・冷却をする場合は、さらに40分かかります。

・瓶詰めの保存期間は、瓶の煮沸消毒や脱気をきちんと行った場合の目安です。開封したときに異臭がしたり、変色やカビを見つけた場合は処分しましょう。

・本書のレシピでは、卵1個の分量は正味（殻なし）55gです。

・本書では、ガスオーブンを使用しています。オーブンの温度と焼き時間はオーブンの機種によって多少異なります。レシピに記載の時間を目安にご使用のオーブンに合わせて調整してください。

・砂糖は記載がない場合、細目グラニュー糖（国産）を使用しています。

・植物油はくせのないものを使いましょう。本書では太白ごま油を使用しています。

・大さじ1は15㎖、小さじ1は5㎖。 1㎖は1ccです。

Chapitre 1

Châtaigne

栗

栗について

栗にはさまざまな種類があり、適材適所があります。作りたいものに合った品種を使い分けることで作業も楽に、仕上がりも満足のゆくものになるはずです。

渋皮煮もマロングラッセも、合わない品種で作ると泣きたくなるくらい作業が大変になることもたくさん経験してきました。渋皮煮の渋がいつまでも取り切れず、ていねいに作業したのに最後は黄色い栗の肌が出てしまったり、栗の王様といわれる「利平栗」で作ったとっておきの渋皮煮が、上手にできたと思ったら保存していくうちにシロップが黒っぽくなってきてしまったり。

右にはこれまで私が作業してきた中で感じた栗の特徴をまとめました。これを参考に栗好きさんには積極的に品種別で栗仕事を楽しんでいただき、とびきりおいしくて美しい栗の瓶詰めを並べて達成感を味わってほしいと思います。

栗を購入する際は、小さな穴や傷があるものは避けましょう。鬼皮に張りとツヤがあるもの、持ったときに重みを感じられるものが、水分と栄養分を蓄えた新鮮なよい栗です。

丹沢　9月上旬〜中旬
代表的な早生栗。やや大きめで優しい味わい、ホクホク系なので、季節を先取りした栗ご飯などに。

★国見　9月上旬〜下旬
個性はないが、安定して優しい味わい。主にペーストなど、栗加工を下支えしてくれる存在。

★ぽろたん　9月中旬
つくばの農研機構で作られた簡単に渋皮がむける大粒の栗。黄色い美しい実なので、マロングラッセや甘露煮、栗ご飯に最適。

利平　9月中旬〜下旬
日本栗と天津甘栗に用いる中国栗をかけ合わせた品種。「栗の王様」と呼ばれた黒光りした見た目、味香りともによい。鬼皮がとても固い。渋皮煮にすると味や風味はとてもよいがシロップが黒くなる。ゆで栗、蒸し栗にしてシンプルに楽しむのがおすすめ。

筑波　9月下旬〜10月上旬
生産量が一番多いもっとも一般的な栗。オールマイティだが、渋皮煮には栗のお掃除(渋取り)作業が大変なことが多い。

★銀寄(ぎんよせ)　9月下旬〜10月上旬
横広がりのどっしりした形。大粒で和栗本来の特徴と風格を兼ね備え、和菓子や料理にも人気の品種。渋皮煮にすると渋を落とす作業が容易で、大変美しく仕上がる。

★石鎚(いしづち)　10月上旬〜中旬
明るい茶色で丸みのある形。鬼皮が薄めでむきやすい。銀寄よりは小ぶりなものが多く、渋皮煮にすると作業が大変容易でシロップが赤茶色で美しく仕上がる。

岸根　10月中旬〜下旬
和栗で最大級の大きさを誇る。ホクホク系、比較的煮崩れしやすいので甘露煮は難しいが、お正月用に和風の渋皮煮(仕上げに醤油をたらす)や栗シーズン最後の冷蔵保存もおすすめ。

＊本書で主に使っているのは★の品種です。
＊栗の時期は、主に茨城県の目安です。

私の栗仕事

　私にとって栗は多くの時間をかけてきた一年で一番大切にしている季節仕事です。定番の栗の渋皮煮や粗つぶしペースト作りをしておかないと、お菓子教室のレッスンも始まりません。

　栗の出始める8月末から9月上旬は、よい栗に出合えば購入して虫止め、冷蔵またはペーストにして保存します。大粒の栗があれば甘露煮や皮をむいて生で冷凍するのもこの時期です。そうこうしているうちに渋皮もポロリとむける「ぽろたん」が出てきますので、マロングラッセ作りを開始します。それが終わるころには渋皮煮に向く品種「銀寄」が出始めるので、即購入して虫止め、冷蔵保存しておきます。
　この後10月上旬に出てくる「石鎚」も渋皮煮にはぴったりの品種ですので、同様にして保存、暇を見つけては渋皮煮作りに励みます。このころになると、シーズン初めごろに冷蔵保存しておいた栗もとても甘くおいしさが増しているので、シンプルに蒸し栗や栗ご飯などにして楽しみます。

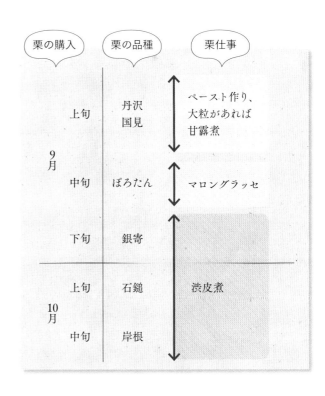

栗の購入	栗の品種	栗仕事
上旬	丹沢 国見	↕ ペースト作り、大粒があれば甘露煮
9月 中旬	ぽろたん	↕ マロングラッセ
下旬	銀寄	↕
10月 上旬	石鎚	渋皮煮
中旬	岸根	↕

栗の保存

栗は常温ではたった数日で鮮度が落ちてしまいます。できれば産直などで新鮮なものを選びましょう。保存は常温を避け、冷蔵保存か冷凍保存にします。

冷蔵保存の方法

1
購入した栗（必要な場合は虫止めをする）は、キッチンペーパーで包み、保存袋に入れ、軽く口を閉じてチルド室（無理なら冷蔵庫内の温度の低い場所）で保存する。

2
ペーパーが湿ってきたらそのつど交換する。

3
その後は乾燥させないよう袋の口を閉じて保存する。

＊湿ったままで放置すると白カビの原因になります。

冷凍保存の方法

1
栗は鬼皮をむき、水につける。

＊触れる程度の熱い湯につけ5分ほど置き鬼皮がやわらかくなってからむくとよい。

2
渋皮をむき、すぐに水につける。

3
ざるにあげ、水けを切ったら保存袋に入れる。

4
栗の1〜2割の砂糖を加え、もみ込むようにして栗に砂糖を行き渡らせる。

＊完全に水けをふき取らず、残った水分で砂糖を溶かすことで栗をまんべんなくコーティングする。

直売所や産地から直送の栗（虫止めをしていない場合）、栗拾いの栗などはそのままにしておくと数日で虫だらけになってしまいます。入手したその日に虫止めの処理をしておくと、その後は冷蔵（チルド）で1カ月、上手にすれば年内は保存ができますので、その間に徐々に作業をすればよいのです。いただき物など、処理の有無がわからないときも虫止めしておくと安心して保存できます。

虫止め

○ 虫止め
の方法

1
大きな鍋に湯を沸かす。

2
沸騰した湯に栗を入れ、弱火にして
1分間ゆでる。

3
栗が重ならないようなざるにあげ、
すぐに水をかけて表面を冷ます。

＊私は中華鍋で一度に1ネットずつゆ
でています。大量に虫止めするときは、
湯を替える必要はないので、1分ゆで
たら大きな網杓子などで栗をすくって水
を張った大きなボウルに入れ、すべてす
くったらボウルの栗をすぐにざるにあげ
る、ということを繰り返して行います。

4
虫止め後は、完全に冷めて乾いたら
キッチンペーパーでくるんでポリ袋
や保存袋に入れる。

5
袋の口を開けたままチルド室
で保存する。数日間は、結露
してペーパーが濡れるので、
そのつど交換する。

＊濡れたままにしておくと白カ
ビが発生します。

6
結露しなくなったら乾燥しな
いように袋の口を閉じて保存
する。

栗のむき方

栗をむくにはペティナイフや包丁、専用
の栗むき器があります。私が長年愛用し
ているのはVictorinoxのナッツナイフで
す。握るとしっくりくるので、大量の栗を
むくときにも手が疲れません。

○ 皮むき
の
方法

栗をひっくり返してざらざらした座の部分
を上にして持つ。鬼皮と座の境界の線よ
り数ミリ上からナイフの刃を入れ、下方
向にむく。最後に座をはがし取る。

Bases
基本

Châtaigne non pelées au sirop

栗の渋皮煮

時間と手間をかけ、ていねいに仕上げる渋皮煮。
栗の風味を生かしたさまざまなお菓子にアレンジできます。

所要時間 … 2 日
保存期間 … 1 年
保存場所 … 冷暗所

Point

・鬼皮をむいた栗は最初から最後まで湯または水に浸した状態を保ちます。

・一旦加熱した栗は温度差のある水ではなく、給湯の40℃くらいの湯を使って作業して
　ください。栗に負担をかけず、ゆで時間の短縮にもなり、作業がスムーズになります。

・品種や時期によっては渋の状態が全く異なります。様子を見ながら重曹の量・ゆで回
　数・時間を加減します。

・収穫したばかりの栗は水分が多いため、あっという間にやわらかくなってしまうことが
　あります。割れやすかったり瓶詰めが後で白濁してくることもありますので、虫止めし
　て1週間ほど保存してからの栗を使っています。

材料（400㎖瓶4本分）

栗 … 1 kg
重曹 … 小さじ 2 〜

[シロップ]
　水 … 700㎖
　砂糖 … 700g
　洋酒 … 適宜（お好みで）

準備

・栗は必要に応じて保存前に虫止めの処理をする（→P.14）。
・栗を湯につけて、鬼皮をむきやすくする。
・瓶を消毒する（→P.7）。

作り方

1
栗は鬼皮をむき(→P.15)水に浸す(ⓐ)。

＊少々傷がついても大丈夫です。小さな傷はシロップに漬けているうちにふさがってきますし、そのまま一緒にして作業を進め、最終的に傷のついたものはアウトレットとして分けて瓶詰めします。

2
鍋に水と栗、重曹小さじ1〜2を入れ、火にかける。沸いてきたら火を弱め、10分ほどアクを取りながらゆでる。

＊1回目はアクがたくさん出るので短時間、2回目から少し長めにゆでます。

3
湯を替えて、栗を1個ずつ掃除する。

＊1回目は、やわらかいたわしや歯ブラシを使い、全体をこすります。太い筋は取れるものは取り除いておきます(ⓑ)。この時点できれいになれば(ⓒ)、4の工程に移ります。

渋が多い場合は、再度湯を替え15分ほどゆでて掃除を繰り返す。

＊2回目の掃除は、爪楊枝を使い細かな渋を落とします。爪楊枝は寝かせて栗の肌をなぞるように動かすと渋が取れやすくきれいになります。

4
最後は、重曹なしの湯で針がすっと通るまでゆでる。

＊渋が取れてくると鍋によっては栗が底に張りついてしまうことがあります。心配な場合は、キッチンペーパーを鍋底に敷いてその上に栗をのせてゆでてください。
＊布団針を使い(竹串では栗が割れてしまいます)栗の表面から5mmくらい差し込むと固さがわかりやすいです。
＊渋皮煮の仕上がりの固さは、ここでの手応えより少し締まった状態になるので、急がぬよう注意してください。

5
栗が影響を受けないくらいの流水を、水がすっかり澄むまで鍋に流し入れ続ける。

＊最後は浄水器などの(飲むのに適した)水を使います。ヒートショックを与えぬよう少しずつきれいな水に入れ替えます。

6
別の鍋に水と砂糖(水の半量、この場合350g)を沸かしてシロップを作り、冷ましておく。

7
6に水を切った栗をそっと入れ、ゆっくり一煮立ちさせて火を止め、冷めたら蓋をして一晩置く。栗が浮くときはラップか紙蓋もするとよい(ⓓ)。

8
翌日、残りの砂糖(350g)を加え、再度ゆっくり煮立たせたら、好みで洋酒を加え、煮沸消毒した瓶に詰め、熱いシロップをこしながら注ぐ(ⓒ)。

＊きれいな栗からアウトレットまでランクをつけ、また、大きさで分けるなどしながら瓶詰めしておくと、お菓子を作るときに大変便利です。
＊濁りを防ぐため、割れた欠片などが入らないようシロップは必ずこしましょう。

9
常温(冷暗所)で長期保存する場合は、脱気(→P.9)をする。

＊脱気は、400ml瓶の場合、沸騰後、弱火にして10〜15分加熱し、脱気して鍋に戻して3分加熱します。
＊作ってすぐよりも1週間ほど置くとなじんできておいしくなります。脱気していないものは冷蔵庫で2週間程度、冷凍で1〜2カ月持ちますが、味や風味が落ちやすいです。瓶詰め、脱気したものは冷暗所で1年はおいしくいただけます。

ⓐ　ⓑ　ⓒ　ⓓ　ⓔ

*Châtaigne non
pelées au sirop*

栗の渋皮煮
recette → P.16

Marrons glacés maison

ぽろたんのマロングラッセ

recette → P.20

Marrons glacés maison

ぽろたんのマロングラッセ

マロングラッセといえばフランスやイタリアの栗が一般的ですが、
私は断然和栗のマロングラッセが好きです。一度食べたら忘れられない
そのおいしさを知っていただくため、ぽろたんのマロングラッセをご紹介します。

所要時間 … 約 8 日
保存期間 … 保存法により 2 週間 ~ 2 年
保存場所 … 保存法により異なる

Point

・マロングラッセを作るには渋皮もきれいにむきますが、ナイフを使わずに美しい栗の
肌を生かした状態で作りたいものです。

　　（ぽろたんは渋皮がきれいにむきやすく、実の肌が真っ黄色で美しいことに加え、大粒で肉質もしっか
　　りしているので壊れにくくマロングラッセにはぴったりの品種です）

材料(作りやすい分量)

栗(ぽろたん) … 1 kg
グラニュー糖 … ゆで上がりの汁の重さの 2 倍弱
ラム酒 … ゆで上がりの汁の重さの 7 ~10%
ブドウ糖 … ゆで上がりの汁の重さの10%

＊私はラム酒で風味づけしますが、バニラを加えてもよいでしょう。

＊水の量は使う鍋によって変わってきます。

＊ゆで上がりの汁の重さをはかるのは大変なので、作り方の「3」のようにして、ゆでる前におおよそ
　の水の重さをはかっておきます。この量を100%として、その他の材料を算出します。

　　例：水量が 1 kgの場合、グラニュー糖は初日と翌日500gずつ、3 日目は150g、4 日目からは100g、
　　ラム酒は70~100g、ブドウ糖は100g。

マロングラッセの保存方法

　　保存期間に応じて 3 つの方法を考案しました。

① 2 週間くらいまで … 最後まで仕上げたマロングラッセは、アルミホイルやワックスペーパーに包んで保存
　　　　　　　　　　　容器に詰め冷蔵庫で保存。
　　　　　　　　　　　＊冷凍もできますが、解凍してからベトつくことも。

② 1 ~ 3 カ月ほど … 　ガーゼに包まれたまま保存容器に入れ、シロップをひたひたに加えて表面をラップでぴ
　　　　　　　　　　　ったり密着させて蓋をし、冷蔵庫で保存。

③ 2 年ほど … ガーゼのままシロップと一緒に清潔な瓶に詰め、脱気して冷暗所で保存。

②と③は、必要なときに必要なだけ取り出して仕上げます。

　　少量の場合はガーゼのまま栗を皿にのせ、レンジで中心まで加熱し、ガーゼをはがして網の上にのせて半
日~ 1 日乾燥させます。

　　加熱しすぎると白っぽく変色し固くなるので要注意。何度か反転させながらまんべんなく中央まで熱くする
のがコツです。シロップが濃すぎると乾燥に時間がかかります。また、レンジで仕上げたものは①に比べて乾か
ずベトつくことが多いようです。刻んでお菓子の素材として使う場合は問題ありませんが、乾燥した仕上がりに
したい場合は、シロップごと煮詰め直すようにします(シロップは再利用可能なので、余った分は元の保存容器
に継ぎ足しておくことができます)。

作り方

1
鬼皮に傷をつけ、1～2分ほどゆでて鬼皮と渋皮をむき、水につける。一度にむけない場合は、再び1分ほどゆでてむくことを繰り返す(ⓐ)。

＊お湯を沸かし5個くらいずつ、慣れないうちは2～3個ずつゆでては、網杓子ですくいサッと水に通して手早くむきます。一般的にぽろたんは、果肉に達するよう鬼皮に傷をつけて3分ほどゆでれば簡単にむけますが、割れを防ぐために軽く傷をつけ、ある程度むいては再度ゆでることで果肉を傷つけずにきれいにむくことができます。

2
1個ずつガーゼに包んで糸でしばる(ⓑ)。

＊ガーゼは通販で「巻きガーゼ」を購入、12㎝の正方形にカットしています。栗を茶巾包みにして木綿糸でキュッとしばったら、ガーゼと糸の余分は切り落としておきます。

3
鍋に2の栗をすべて敷き詰め、栗がやっと隠れる高さに水を加える。

＊鍋の中で栗が重なっても大丈夫。加えた水の量をメモしておきます。

4
さらに水を足してたっぷりの水でゆでる。

＊中火にかけ沸騰したら火を弱め静かにフツフツした状態を保ちます。5の状態になるまで90分以上かかります(長いものは120分以上)。途中で湯が足りないようなら足してください。
＊圧力鍋を使い短時間でやわらかくすることもできますが、その場合は、まず少量で実験してから加熱時間を調整します(参考:沸騰してピンが上がったら弱火にして加圧5分、急冷、など)。

5
針がすっと通るくらいやわらかくなるまでじっくりゆでる。

＊ここで焦らないのが最大のコツです。マロングラッセは飽和状態以上に糖度を上げてゆくので渋皮煮よりさらにやわらかくしておかないと、ぎゅっと固くしまった仕上がりになってしまいます。

＊竹串では太すぎて栗が割れる恐れがあるので、布団針を使っています。

6
すべてやわらかくなったら、3でメモした水の重さの半分(50%)のグラニュー糖を縁のほうから鍋に加えて煮溶かす。軽く一煮立ちしたら火を止め、蓋をせずに冷ます。冷めたらオーブンペーパーやラップで落とし蓋をして1日置く。

＊ていねいにする場合は1個ずつ針刺し確認をします。慣れると栗の表面2㎜ほど刺せばわかります。
＊ゆで汁には栗の風味と味がたっぷり出ています、これを砂糖と一緒に凝縮していくのがおいしさのコツです。もし、ゆで汁が多すぎる場合は栗が少し頭を出すくらいに減らします(砂糖を加えるとちょうど栗が隠れるくらい)。水が多いと煮詰まるまでに日数が余分にかかります。

7
翌日も50%、翌々日は15%、その次からは10%のグラニュー糖を加えてゆでる。ラップを外し、グラニュー糖を加えて溶かし、軽く一煮立ちさせて冷めるまで置いたら、オーブンペーパーやラップで軽く蓋をしておくことを砂糖の結晶が出てくるまで続ける(4～6日くらい)。砂糖の結晶がしっかり確認できるようになったら(ⓒ)、もう一度10%のグラニュー糖とラム酒を加え同様にして冷めてから蓋をして1日置く。
最後はブドウ糖を10%加え同様にして1日置く。

＊ガリガリと大きな結晶ではなく細かな結晶になるようブドウ糖を加えます。小さなボウルにブドウ糖を計量し、煮汁を適量加えて溶かしてから鍋に加えます。

8
7の鍋をゆっくり沸かしたら取り出し、熱いうちにガーゼの結び目をハサミでカットし、ガーゼをはがして網の上にのせて室温で冷ます。シャリッと薄い砂糖衣に覆われたマロングラッセの完成(ⓓ)。

＊半日～1日乾燥させてもベトつくなら煮詰めが足りないか、上白糖など加えた場合が考えられます。必ずグラニュー糖を使用してください。

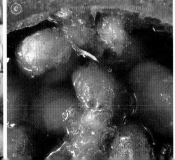

Pâte de marron

栗の粗つぶしペースト

栗の風味とおいしさを逃さぬように
圧力鍋で蒸してから、
水と砂糖だけでペーストにします。
アレンジがききやすく、和洋中、
いろいろなお菓子に使うことができます。

所要期間 … 40分
保存期間 … 冷蔵庫で 2 日間
　　　　　　冷凍庫で 1 年間

Point

・栗はゆでると若干風味が抜けたようになります
　し通常 30〜50 分と時間もかかります。おすす
　めは圧力鍋ですが、ない場合は通常食べる方法
　でゆでたり蒸したりしたものでも作れます。こ
　こでは圧力鍋で栗を蒸す場合のコツをお伝えし
　ます。

材料(作りやすい分量)

栗 … 適宜
グラニュー糖 … 栗(正味)の重さの20%
水 … 適宜

作り方

1

圧力鍋に水を底から 1 cmほど入れ、付属の中かご(蒸し目皿)をセットする。栗は縦半分に切り、中かごに入れ蓋をして中火にかける。おもりが上がったら弱火にし 6 分加圧後、急冷する。

＊栗10個くらいは包丁を押し切らずに片側の鬼皮をつながったままにし、その面を下にして中かごの一番下に敷きます(加熱中、鍋の中では鬼皮の渋が出た茶色い水が上がってくるので、これを栗の内部に取り込まないようにするため)。その上にのせる栗は1/2にカットしたものを方向を気にせずに入れることができます。圧力鍋いっぱいに栗を入れても加熱時間は変わりませんが、栗の大きさにより固さが残るときには残りの水量を確認して必要なら足し、続けて数分加圧します。
＊急冷とは、鍋に水をかけて温度を下げ、鍋内部の圧力を下げることです。メーカーによって急冷の方法が異なったり、水をかけてはいけない部分があったりしますので、製品の取扱説明書を確認してください。

2

栗が熱いうちにスプーンで中身を出し、計量する。

＊キッチングローブをすると楽に作業できます。

3

フライパンか大きな鍋に栗とグラニュー糖を入れる。グラニュー糖と同じくらいの水を加え、ヘラで混ぜると水がひたひたより少ないくらいになれば火にかける。水が少ないようなら足す。

4

ヘラで栗をつぶしながら混ぜ、水分を飛ばす。

＊煮詰める際に、ぼこぼこと沸いてはねて危険な状態になったら、一度火を止めてマッシャー(もしくはハンドブレンダー)で栗を半分ほどつぶします。こうすると一気に水分が吸われ、危険な状態を脱することができるので、再び中火にかけてできるだけ水分を飛ばして仕上げます。

5

焦げつかないようしっかり底から混ぜ、固めのあんのようになったら火を止める。粗熱を取り保存容器に入れて冷蔵、または小分けにして冷凍する。

＊私のレシピでは、栗の粗つぶしペースト160gを 1 単位として組んでいます。160g強のペーストをラップかファスナーつき密閉袋に空気が入らないように密閉して冷凍します。ラップでブロック状に冷凍したものは、さらに大きな保存袋に詰めて冷凍すると、よい状態であれば次のシーズンまで風味を落とさずに使うことができます。

Confiture de châtaignes

栗ジャム

栗によって甘さが違うので、
砂糖は味をみながら加減します。
バニラかラム酒、
どちらか一方でもおいしいです。

所要時間 … 15分
保存期間 … 冷蔵庫で 2 週間(脱気なし)
　　　　　　 冷暗所で 3 カ月(脱気あり)

材料(120㎖瓶 3 本分)

栗の粗つぶしペースト … 320g (2 ブロック)
水 … 60㎖
グラニュー糖 … 50g〜
バニラペースト … 小さじ1/4
オリゴ糖 … 30g
ラム酒 … 小さじ 1 〜 2

作り方

1
鍋に栗の粗つぶしペースト、水、グラニュー糖、バニラペーストを入れ中火にかける。

＊生栗から作る場合は、栗(正味250g)は蒸し、またはゆでて中身を取り出し、水(80㎖)、グラニュー糖(100g〜)、バニラペースト(小さじ1/4)を入れます。

2
沸騰後、ヘラで混ぜながら 5 分ほど煮詰める。

3
オリゴ糖を加え、 1 分ほど煮たらラム酒を加える。

4
必要に応じて瓶詰め、脱気(→P.9)をする。

＊脱気は、120㎖瓶の場合、沸騰後、弱火にして10〜12分加熱し、脱気して鍋に戻して 3 分加熱します。

Compote de châtaignes

栗の甘露煮

シンプルでありながら、割れを出さずに作ることが難しい栗の甘露煮。
家庭でもきれいに作りやすいお酢を使った方法と、便利な自家製冷凍栗を使った方法をご紹介します。

所要時間… 2 日
保存期間… 6 カ月
保存場所… 冷暗所

Point

・栗の甘露煮は渋皮煮やマロングラッセと違って、栗の実が丸裸の状態でやわらかくゆでなくては
　なりません。栗は肉質が固いもの、ホクホクででんぷん質が多いもの、ねっとりしたものなど、品
　種により、さらには同じ品種でも年によりできが違っていたり、個体差もあります。専門店でも割
　れ栗が出るのですから、家庭では割れることを覚悟で気楽に取り組みましょう。

・お酢は変色防止やアク抜き効果がありますが、入れすぎたり長くつけすぎると、栗がガリガリと
　固い食感になってしまうので注意が必要です。

材料（400mℓ瓶 2 ～ 3 本分）

栗（大きいもの）… 1 kg
酢…小さじ 2 程度
クチナシの実… 2 個
　　　　　　　（殻を割り中身とともにお茶パックに入れる）

［シロップ用］
　水… 鍋に栗を入れてひたひたより少し少なめ
　　　　（重さをはかっておく）
　砂糖… 水の重さの 50 ～ 100 ％

＊栗は大粒のものを準備します。直売所や栗拾いなど、採れたての栗は水分が多く割れやすいようです。また長期保存して乾燥してしまったようなものはなかなかやわらかくならないこともあります。

＊砂糖は、さっぱりした甘さにしたいときはグラニュー糖を、栗きんとんなどには上白糖で作ります。甘みを抑えつつもよい状態で保存したいときには砂糖の一部（20～30％）をトレハロースに置き換えることもあります。

作り方

1
鬼皮をむく。

2
渋皮をむき鍋に入れた酢水(水1ℓに酢小さじ2の割合)に放つ。

3
そのまま5分ほどゆでる。

4
水(ぬるま湯)を替えてクチナシの実と一緒に弱火でやわらかくなるまでゆでる(ⓐ)。

＊熱いところから冷たい水に栗を入れると割れる原因になるので、ぬるま湯を使っています。

5
水に砂糖を加えシロップを作る。

6
4の湯を捨てて、栗が壊れないよう気をつけながらそっと洗い、5のシロップに浸す。紙蓋(オーブンペーパーなど)をして弱火で一煮立ちしたら、火を止め冷ます。

＊渋皮煮では、シロップの砂糖は2度に分けて加えていますが、甘露煮は渋皮煮に比べて中まで甘みが染み込みやすいことと濃いめのシロップに栗を入れることで、崩れやすい実が少し締まってミョウバンを使わなくても崩れずにちょうどよい固さに仕上がることを目指しています。

7
翌日、再度一煮立ちさせて煮沸消毒した瓶に詰める。脱気して(→P.9)冷暗所で保存する。

＊脱気は、400㎖瓶の場合、沸騰後、弱火にして10〜15分加熱し、脱気して鍋に戻して3分加熱します。脱気作業中に栗が割れないよう、火加減に注意してください。
＊家庭で作る甘露煮は、低糖度のシロップだと栗のでんぷん質が溶け出し、保存中にシロップが白濁しやすいです。数日で食べ切る場合や冷蔵庫保存する場合は、砂糖を適度に減らしてもよいかと思います。
＊割れてしまったら、栗蒸し羊羹(→P.36)などに使いましょう。

冷凍むき栗の甘露煮

冷凍むき栗で作る甘露煮は、基本的に
保存用ではなく使い切りを目的とします。
必要な際に必要なだけ冷凍むき栗を出して煮る
ことをおすすめします。

材料

冷凍むき栗(→P.14)… 適量
水 … 鍋に栗を入れてひたひたより少し少なめ
　　(重さをはかっておく)
砂糖 … 水の重さの40%
クチナシの実 … 1、2個
　　(殻を割り中身とともにお茶パックに入れる)

作り方

1
鍋に冷凍むき栗、水、砂糖、クチナシの実を入れる。

＊最初から砂糖と一緒にゆで煮にすることで、割れが少なくなります。

2
弱火でゆっくり火を入れる。沸いてきたらアクをすくい、紙蓋をして針がスッと通るようになるまでゆでる。

3
火を止めて、そのまま冷ます。クチナシの実を取り除き、保存容器に入れて冷蔵庫で保存する。

＊一度冷凍した栗は、繊維が壊れるため短時間(10〜13分ほど)でやわらかくなります。上品さに欠けますが、通常の甘露煮より少ない工程で失敗が少ないです。冷めていく段階で甘みと黄色い色が染み込みます。

Variations
châtaigne
栗のお菓子

Mont-Blanc
モンブラン
recette → P.28

Gâteau roulé blanc aux châtaignes

栗の白いロールケーキ

recette → P.30

Mont - Blanc

モンブラン

中には栗の渋皮煮をゴロンとひとつぶ。
栗の甘みを生かしたモンブランです。

栗の渋皮煮 / 栗の粗つぶしペースト

Point

・生クリームは砂糖なしで八分立てです。
　分離しないように注意を。
・クレーム・オ・マロンは必ず裏ごしを
　してなめらかにします。

材料（6 個分）

[ムラング・オ・ザマンド]
　卵白 … 35g
　グラニュー糖 … 20g
　粉糖 … 30g
　アーモンドプードル … 10g
　チョコレート … 少々

[クレーム・パティシェール]
　牛乳 … 100㎖
　グラニュー糖 … 25g
　卵黄 … 1 個分
　バニラペースト … 小さじ1/4
　コーンスターチ … 10g
　バター … 25g

[クレーム・フェッテ]
　生クリーム（乳脂肪分42～45％）… 150g

[クレーム・オ・マロン]
　栗の渋皮煮 … 100g

＊形の悪いものや「準備」（→P.29）で切り落とした部分も使用するとよいでしょう。足りなければ、その分ペーストを増やしましょう。

　栗の粗つぶしペースト … 320g
　ラム酒 … 小さじ 2 弱

[仕上げ]
　栗の渋皮煮 … 6 個
　粉糖 … 適宜

準備

・絞り袋を3枚用意。10〜12mmと6〜8mmの丸口金、モンブラン用の口金をつけておく。
・オーブンは140℃に予熱。
・粉糖とアーモンドプードルは合わせて2度ふるう。
・仕上げの渋皮煮は汁けをふき取り、座りが安定するよう一部をカットしてキッチンペーパーに立て、余分な水分を取り除く(1/2にカットしてミニモンブランにしてもよい)。

作り方

1
<u>ムラング・オ・ザマンドを作る。</u>

(I)ボウルに卵白を入れ、ハンドミキサーを低速にして腰を切るようにほぐす。高速にして全体がフワッとしてきたらグラニュー糖を3回に分けて加え、角がピンと立ってツヤが出るまでしっかり泡立てる。

(II)合わせてふるった粉糖とアーモンドプードルを加えてゴムベラで切り混ぜる。

(III)絞り袋(10〜12mmの丸口金)にIIを入れ、オーブンシートに直径5cmの円形に絞り出し、140℃に予熱したオーブンで約40分焼く。

＊1つ割ってみて、中まで色づいていたら焼き上がりなので、網の上に並べて冷まします。できれば130℃で1時間以上かけてじっくり焼くといいでしょう。

2
<u>クレーム・パティシエールを作る。</u>

(I)小鍋に牛乳とグラニュー糖の1/4量を入れ、鍋底を混ぜながら軽く沸かす。

(II)ボウルに卵黄と残りのグラニュー糖を入れ、ホイッパーで白っぽくなるまで混ぜる。

(III)バニラペースト、コーンスターチを加えて混ぜ、Iの牛乳液を少しずつ加え、そのつどよく混ぜ溶きのばす。

(IV)こしながら鍋に戻し、中火にかけ、常に混ぜながら沸騰後もクリームの腰が切れ、さらっとするまで加熱する。

(V)火を止め、バターを加え、なめらかになるまで混ぜたらバットに流し、表面をピタッとラップで覆い、保冷剤をのせて急冷する。使用するまでは冷蔵庫に入れておく。

3
1のメレンゲに溶かしたチョコレートをごく薄く塗り、冷やし固める。

4
<u>クレーム・フェッテを作る。</u>

生クリームは氷水にボウルをあてながら八分立てにする。絞り袋(6〜8mmの丸口金)に入れ、冷蔵庫で冷やしておく。

5
<u>クレーム・オ・マロンを作る。</u>

栗の渋皮煮をフードプロセッサーにかける。ある程度細かくなったら、栗の粗つぶしペーストとラム酒を加え、さらにクリーム状になるまで回す。2のクレーム・パティシエールを80g加え混ぜたら、裏ごししてなめらかにしておく(ⓐ)。

＊固めであれば牛乳か生クリームで絞りやすい固さに調節します。

6
<u>仕上げ。</u>

(I)4のクレーム・フェッテを3に少量絞り、準備した栗の渋皮煮を一つ置く。栗が完全に隠れるようクレーム・フェッテをくるくると形よく絞り出す。冷蔵庫で10分ほど休ませる。

(II)絞り袋(モンブラン用の口金)に5を入れ、好みの方法で絞り出し、パレットナイフで周囲をきれいにする。

(III)粉糖を振り、好みでカットした栗の渋皮煮を飾る。

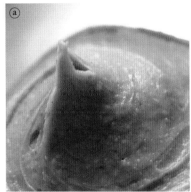

gâteau roulé blanc aux châtaignes

栗の白いロールケーキ

卵白をたっぷり使ってふんわりさせた真っ白いロールケーキ。
ホワイトチョコクリームと栗の渋皮煮を巻いています。

栗の渋皮煮

Point

・砂糖が少なめのメレンゲなので、注意が必要です。
・クリームは固めにするとうまく巻け、カットしやすいです。

材料 (28〜30cm角の天板 1 枚分)

[卵白のロール生地]	[クレーム・ショコラブラン]
卵白① … 20g	ホワイトチョコ … 60g
牛乳 … 大さじ 2	生クリーム (乳脂肪分36%)①
植物油 … 25g (大さじ 2 強)	… 50g
薄力粉 … 75g	バニラペースト … 少々
バニラオイル … 少々	生クリーム (乳脂肪分36%)②
卵白② … 240g	… 120g
グラニュー糖 … 75g	栗の渋皮煮 … 6 個くらい

＊初心者の方は薄力粉にベーキングパウダーを小さじ1/4加えると作りやすくなります。

準備

・薄力粉はふるっておく。
・オーブンは180℃に予熱しておく。
・ロール天板に敷き紙、オーブンシートをセットする。
・栗の渋皮煮は汁けをふき取り、カットしておく。

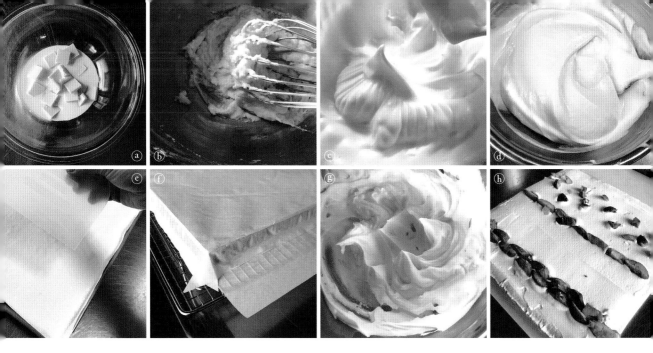

作り方

1
<u>クレーム・ショコラブランの準備をする。</u>

ホワイトチョコと生クリーム①を耐熱ボウルに入れ（ⓐ）電子レンジ（600W）で30秒ほど温める。
30秒ほど置いてチョコが溶けたらホイッパーで中央からくるくる混ぜて乳化させる。バニラペースト、冷たい生クリーム②を2回に分けて加え、ステンレスボウルに移し替えて冷蔵庫でよく冷やす。

2
<u>卵白のロール生地を作る。</u>

（Ⅰ）ボウルに卵白①、牛乳、植物油を入れホイッパーで混ぜる。薄力粉とバニラオイルを加え、ホイッパーのまま粉けがなくなるまで混ぜる（ⓑ）。

（Ⅱ）別のボウルで卵白②をハンドミキサー（低速）で1分ほど腰を切るようにほぐし、中速にしてふんわり泡立ったらグラニュー糖の半量を加える。さらに中速で1分ほど泡立て、残りのグラニュー糖を加え泡立て続ける。
十分きめが細かくなれば高速にして固さを調整する。最終的に、ツヤのあるきめ細かい、少しやわらかめのメレンゲになるようにする（ⓒ）。

＊メレンゲが不安定になりやすい暑い時期や冷蔵庫で保存していた卵白を使うときは、乾燥卵白を小さじ1/2〜1ほどグラニュー糖によく混ぜて作ると安定します。

（Ⅲ）ⅡのメレンゲをひとすくいⅠに加えて溶きのばす。とろりとしたら、さらにもうひとすくい加えて生地を緩ませてから残りを3回に分けて加え、そのつどさっくりと混ぜ合わせる（最後はヘラで）（ⓓ）。

（Ⅳ）準備した天板に流し込み、表面を平らにして（ⓔ）予熱したオーブンを160℃にして14分ほど薄く焼き色がついて火が通るまで焼く。

（Ⅴ）オーブンから出したらすぐに紙を被せ、ひっくり返してケーキクーラーにのせて敷き紙をそっとはがしてのせておく（ⓕ）。

3
<u>クレーム・ショコラブランを作る。</u>

1を角がピンと立つまでしっかりと泡立てる（ⓖ）。

4
<u>仕上げる。</u>

別の紙の上に焼き面を上にして2の生地を置き、3を塗り広げ、準備した栗を並べて（ⓗ）手前から紙を引き上げ巻く。巻き終わりを定規などを当てて締めてからテープで留め、冷蔵庫で30分以上休ませる。

Cake aux marrons

栗のケイク

どこを切っても栗が出てくる、渋皮煮のおいしさをギュギュっと詰め込んだ人気のレシピです。

栗の渋皮煮

Point

・栗の渋皮煮の水分で生焼けになりやすいため、渋皮煮の余分なシロップはふき取り、
　しっかりめに焼き込みます。

材料(15×6×4cm型2本分、または10.5cmの丸形2個分)

[パウンド生地]
　無塩バター … 75g
　三温糖 … 30g
　グラニュー糖 … 25g
　バニラペースト … 少々
　はちみつ … 10g
　卵 … 全卵1個と卵黄1個分を合わせて
　　　75gにしておく
　アーモンドプードル … 50g
　ラム酒 … 大さじ1/2
　薄力粉 … 50g
　ベーキングパウダー … 小さじ1/4

栗の渋皮煮 … 7個(そのうち1個は刻んでおく)
ラム酒またはラムシロップ(グラニュー糖6g、水12g、
　ラム酒14gで作ったシロップ) … 適宜

準備

・型にオーブンペーパーを敷いておく。
・オーブンは170℃に予熱しておく。
・栗の渋皮煮6個は半分にカットしてペーパータオル
　に伏せ、余分なシロップを切っておく。
・粉類はふるい、バターと卵は常温にしたものを使用
　する。
・絞り袋を用意する。

作り方

1
バターをハンドミキサーかホイッパーでクリーム状にし、
三温糖、グラニュー糖を順に加える。そのつど、白っぽ
くフワッとするまでよく混ぜる。

2
バニラペースト、はちみつを加えてさらに混ぜる。

3
よくほぐした卵を大さじ1ほど加える。乳化したら残り
を加え、できるだけ分離しないよう混ぜる。

4
アーモンドプードルを加えて混ぜる(3で分離しかけたら、
アーモンドプードルを加えて手早く混ぜる)。ラム酒を加えて混
ぜる。

5
ふるった粉類を加え、ゴムベラでツヤが出るまでしっか
り混ぜる。刻んだ栗の渋皮煮を加える。

6
5を絞り袋に入れ、準備した型に1/2程度の高さまで絞
り出す。半分にカットしておいた栗の渋皮煮を合わせて
1個の状態にし、1本につき3個ずつ並べ(ⓐ)、残りの
生地を絞り出す(ⓑ)。

7
予熱したオーブンを160℃にして約30〜40分、くぼん
だ部分にもしっかり焼き色がつき(ⓒ)、中央を押して弾
力が出るまで焼く。

8
網の上に取り出し、ラム酒またはラムシロップを表面に
刷毛で塗る。すぐにラップに包み網の上で冷ます。

ⓐ　ⓑ

ⓒ

Gâteau au fromage et aux marrons

栗の贅沢チーズケーキ

栗とチーズの相性が抜群。
チーズ生地にも栗の粗つぶしペーストをたっぷり使いました。

栗の渋皮煮 / 栗の粗つぶしペースト

材料(15cmのセルクル 1 台分)

[底用生地]

　薄力粉 … 35g

　アーモンドプードル … 15g

　グラニュー糖 … 15g

　カソナード(なければグラニュー糖でも可) … 15g

　有塩バター … 30g(無塩バターの場合は塩をひとつまみ)

　シナモン … 少々

[栗のチーズ生地]

　クリームチーズ … 200g

　きび砂糖 … 30g

　バニラペースト … 小さじ1/3

　全卵 … 1 個分

　卵黄 … 1 個分

　栗の粗つぶしペースト … 160g

　ラム酒 … 小さじ 1 ～ 2

　生クリーム(乳脂肪分40%程度) … 60g

栗の渋皮煮 … 6 ～ 7 個

準備

・セルクルのサイドに高さ 6 cm(帯状)のオーブンペーパーを巻き、天板にオーブンペーパーを敷いた上にセットしておく。

・オーブンは170℃に予熱しておく。

・クリームチーズ、生クリーム、卵は室温にしておく。

・底生地用のバターは冷たいまま使用。

作り方

1
底用生地を作る。

材料のすべてをボウルに入れ、バターを指でつまんでつぶしながら粉となじませクランブルにする。これを準備したセルクルの底に敷き詰める。押さえつけたりせずに、そぼろ状のまま平らにならし(ⓐ)、170℃に予熱したオーブンで12分ほど焼く。

2
栗のチーズ生地を作る。

(I)クリームチーズをヘラでやわらかく練り、きび砂糖、バニラペーストを加えてホイッパーですり混ぜる。

(II)全卵、卵黄を一緒に溶きほぐし、Ⅰに少しずつ加え、そのつどしっかり混ぜる。

(III)栗の粗つぶしペーストをラム酒、生クリームで緩め、Ⅱに加えてしっかり混ぜる。

3
1の底に2を 1 cmほど入れ、栗の渋皮煮を並べる(ⓑ)。残りの生地を流し入れ、表面を軽くならして(ⓒ)170℃に予熱したオーブンで40分ほど焼く。

4
オーブンから出してケーキクーラーにのせ、粗熱が取れたらセルクルを外す。完全に冷めたら冷蔵庫で冷やしてカットする。

Yokan aux marrons

栗蒸し羊羹

甘露煮の栗が割れてしまったときなど、たっぷり入れて贅沢な栗蒸し羊羹にしましょう。
栗は一部を取り分け表面に並べても素敵です。

栗の甘露煮

Point
・栗の甘露煮が少ないときは、その他の材料を 1 〜 2 割増しにして蒸し時間も延ばします。

材料(15㎝×13.5㎝の流し缶1台分)

栗の甘露煮(割れたものでよい) … 300gくらい
栗の甘露煮のシロップ … 90g
こしあん(小豆、砂糖、塩のみのもの) … 400g
薄力粉 … 40g
葛粉(なければ片栗粉) … 8g
塩 … 軽くふたつまみ
水 … 大さじ1～2

[つや寒天](栗が表面に出ている場合)
　粉寒天 … 小さじ1/2
　水 … 100㎖
　グラニュー糖 … 20g

準備

・底のない枠(セルクルなど)を使うときは、ベーキングペーパーを敷く(ⓐ)。
・鍋に湯を沸かしてセイロか蒸し器の準備をしておく(ⓑ)。
・薄力粉はふるっておく。

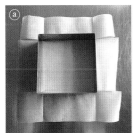
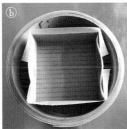

作り方

1

栗の甘露煮をシロップごと鍋に入れ沸かし、ざるでこす。シロップを90g取り分ける。

2

ボウルにこしあん、薄力粉を入れよく混ぜる。水大さじ1で溶いた葛粉(片栗粉ならそのまま)も加え、だまがないよう混ぜる。

＊手でしっかり混ぜると仕上がりがもっちりします(ⓒ)。

3

1で取り分けた温かいシロップと塩を加え、必要なら水を追加する。

＊ヘラからとろりと落ち、少し形を保つが崩れていくくらいの固さにします(ⓓ)。あんによって水分量が違うので、ここで調整します。

4

3に栗を混ぜ、準備した型に流し入れ表面をならしたら、強火でしっかり蒸気が上がるまで数分、その後は強めの中火で50分ほど蒸す(ⓔ)。

＊底がない枠や羊羹の背が低い場合は40分ほどで蒸し上がります。鍋の湯がなくならないようたっぷり準備してください。なくなりそうなら途中で足します。時間がきたら竹串を刺して何もつかないことを確認してください。

5

セイロを鍋から外してそのまま冷ます。
栗が表面に出ている場合は、乾燥防止につや寒天を塗るとよい。

　つや寒天

小鍋に粉寒天と水を入れ、火にかけ煮溶かす。沸いたら火を弱めて2分ほど加熱する。グラニュー糖を加え煮溶かしたら刷毛で羊羹が熱いうちに表面に塗る(ⓕ)。

Pâte de patate douce aux châtaignes

栗きんとん

さつまいもはきめが細かく、
裏ごしする必要のない安納芋がおすすめです。

栗の甘露煮

材料(2 kg弱)

さつまいも … 大きめのもの 3 〜 4 本(正味 1 kg)
クチナシの実 … 3 個
栗の甘露煮 … 600g
栗の甘露煮のシロップ … 250g
水あめ … 250g
砂糖 … 50g
塩 … 少々

作り方

1
さつまいもは 2 cmの輪切りにして、皮を厚くむいたはじから水に放す(この状態で正味 1 kg)。
水を替え15 〜 20分ほど置いてアクを抜く。

2
その間にクチナシの実は殻を割り中身とともにお茶パックに入れ、ボウルに水(適量)と一緒に入れておく。

3
栗の甘露煮はざるにあけ、シロップを250g取り分ける。

4
水を切ったさつまいもと 2 のクチナシ(水も)を大きめの鍋に入れ、さつまいもが完全にかぶる量まで水を加え、竹串がすっと通るくらいまでゆでる。

5
ゆで上がったさつまいもは熱いうちにフードプロセッサーにかけ、なめらかなペースト状にする。固い場合は、水あめを加えて回りやすいようにする。

6
繊維の多いさつまいもの場合は裏ごしして、鍋に入れて水あめ、シロップを加えて練り混ぜ、弱めの中火にかけて焦げつかないようヘラで混ぜながら煮詰めてゆく。
味みをして、甘みが足りないようなら砂糖で調整して練り上げる(冷めると少し固くなるので、好みの固さの手前で止めるようにする)。最後に塩を加える。

＊加える砂糖はおせちにはコクのある仕上がりの上白糖、さっぱり仕上げにはグラニュー糖を。

7
この間に栗は電子レンジ(600Wで1〜2分、30秒ごとに混ぜながら)で加熱しておく。

＊加熱しすぎは栗がパサつくので注意してください。
＊冷たい栗をそのまま加えるより、熱くしておいたほうがなじみが早く、最後の煮詰め時間も短縮できます。

8
6 に 7の栗を入れて大きく混ぜ、煮立ったら火を止める。清潔な保存容器に入れて表面にラップを密着させ、冷めたら蓋をして冷蔵庫で保存する。

Chapitre 2

Abricot

杏

杏について

　杏には生食向きと加工向きの品種があります。熟してから傷むのが早いため、流通しているものは未熟のまま収穫して追熟しながらお店に並ぶのです。そのような杏の多くは、樹上で完熟した杏のようなおいしさはなく、洗ってパクっと食べてみたら「…これ、おいしいの?」という反応が普通かもしれませんね。そんなわけでスーパーなどでは人気が得られないらしく（最近はジャムなどを作る方も増えてきたように思いますが）、市場の方のお話では流通量も減っているとのことです。ですので、欲しい品種の杏を入手したければ、ネット通販で産地直送の杏を品種指定で購入するのが確実でしょう。

　購入する際は、シロップ漬け用やジャム用、と購入先の生産者さんが固さや熟度を選別してくださるところもありますので、それに従い用途に合わせて購入するとよいでしょう。

おすすめの品種

　私はここ数年、「信山丸」という品種を愛用しています。こちらは長野県の農業試験場で40年ほど前に作られたとのこと。美しい橙色の実は40〜50gくらい、小ぶりなので瓶詰めにしやすいです。香りも酸味もしっかりしていて、加工しやすくとてもおいしい杏です。

杏の加工で一番大切なことが、実の熟し具合に合った加工をすること。
つまり、作りたいものに合わせて杏の状態を見極めることなのです。

私は杏が届いたら、次の3種類に分けます。
ⓐ青みの残っている固い実
ⓑオレンジ色だけど固い実
ⓒ濃い橙色になってやわらかさが出てきている実

瓶詰めには固くないといけませんが、青みが残っているようでは杏の香りに
乏しく味ものっていないのでⓐの杏は段ボールに新聞紙を敷くか、竹ざるにの
せて風通しのよいところに数日置いて追熟させます。ⓑのオレンジ色だけど固
い実、という状態がシロップ漬けには最適です。
触ってみて少しだけ弾力が感じられるようになった実は、急いでシロップ漬
けにするか、コンフィ、またはあと数日追熟させてジャムにします。やわらか
くなってきた実をシロップ漬けにすると、でき上がりの食感がぐにゃりとして
しまいます(こうなったものもピュレにしてゼリーやシャーベットにするなどおいしくいただ
けますが)。そしてⓒの状態は、迷わずジャム用にします。

杏の保存

杏は新鮮なうちに熟度に合わせて加工しますが、たくさんあって大変なとき
は、冷凍保存します。家庭では3カ月くらいで使い切るとよさそうです。旬の
時期にジャムを半年分作り残りは冷凍しておいて、冬になったら残りの半年分
を作ったことがありますが、家庭の冷凍庫では冷凍期間が長いと酸味と風味
は損なわれてゆくようで、パンチのないマイルドなジャムになりました。

冷凍
その1 ➡ 解凍後はジャムなどにする。

1 きれいに洗った杏は、水けをふき取り半分にカットし種を除く。

2 カットした断面とくぼみにグラニュー糖(適量)を押しつけてま
ぶす(ⓐ)。

3 保存袋に詰めて冷凍保存する(ⓑ)。

冷凍
その2 ➡ 砂糖を加えずに冷凍する。

1 きれいに洗った杏は、水けをふき取り半分にカットし種を除く。

2 アルミトレーにラップを敷き、断面を伏せて杏を並べる(ⓒ)。

3 できるだけ低い温度で冷凍する。

4 凍ったら、保存袋に詰めて冷凍庫で保存する。
変色の原因になるので、冷凍前は断面を極力空気にさらさないよう
にします。

Abricots au sirop

杏のシロップ漬け

簡単なようですがコツがあるのが杏のシロップ漬け。
ご紹介するのは、瓶に生の果物を詰め、砂糖水のシロップを
熱々にして注ぎ入れて脱気しながら火を入れていく方法です。

所要時間 … 50分(作業時間のみ)
保存期間 … 半年〜1年
保存場所 … 冷暗所

Point

・杏を鍋で煮る作業をせず、直に瓶詰めして脱気の工程で加熱されて、ちょうどよく火
　が通るようにします。脱気の工程が加熱調理の工程を兼ねているのです。
・瓶詰めができ上がってからもすぐには完成ではなく、1週間くらい置くことでよくなじ
　んでおいしくなります。

材料（200㎖瓶4～5本分）

杏（オレンジ色だけど固い実）… 1 kg

［シロップ］
　グラニュー糖 … 250g
　水 … 250g

＊瓶1本に小ぶりな杏を6個分（半割で12個）、シロップを100g入れます。

準備

・大きめの鍋に湯をたっぷり沸かしておく。
・瓶を煮沸消毒し網の上に伏せておく（→P.7）。
・蓋は沸いた湯に10秒ほどくぐらせて、網の上に伏せておく。

作り方

1
杏はナイフで種に沿って縦にくるりと刃を入れ、実をひねって割り、種を取り出す。1分ほどゆでて、冷水に取り、ざるにあげて水けを切り瓶に詰める。

＊瓶2本分（杏12個）ずつ手早くカットして種を取り、沸いた湯に入れます。1分（杏が少しでもやわらかいときは短めに）ゆでたら湯は捨てずに杏だけ素早く網杓子などで取り出し、冷水にサッとつけます。中が温かいうちに瓶にきっちり詰め込み（ⓐ）、さらに瓶の口から出るように杏を1、2個積み上げ（ⓑ）蓋をのせておきます。

2
残りも同様にする。

＊杏は断面が空気に触れたままにしておくと茶色く変色してきますので、半量ずつ作業しています。

3
別の鍋にシロップ用のグラニュー糖と水を入れ沸かす。各瓶の肩口の少し上までシロップを注ぐ。杏を軽く押し込みながら蓋をひねり（仮止め）、脱気用の鍋に並べる。

＊熱々のシロップを注ぎ入れた瓶からすぐに蓋をのせておきます。最後の瓶に注ぎ終えたら、最初の瓶の蓋を杏がつぶれない程度に軽く押して引っ掛かりのある部分までひねり、湯を沸かした鍋に布巾などを敷いて瓶を並べます（ⓒ）。

4
鍋の蓋をして火にかけ沸騰後、弱火で8分、脱気して（→P.9）しっかり蓋を閉めてさらに3分。取り出して、瓶の上下をひっくり返して10分置いた後（ⓓ）、冷却する。

＊加熱後、数分で杏が下がって蓋が閉まるようになるので、鍋に入れたまま少し閉め直しておきます。そのまま鍋の蓋をして合計8分後に脱気をして鍋に戻し3分加熱後、取り出します。これは200㎖瓶での加熱時間です。
＊私は通常、他の瓶詰めでは瓶を逆さにすることはしませんが、杏だけは上に飛び出していた部分の杏がしっかり熱いシロップに浸るようにひっくり返しています。杏は普通に詰めると冷めた後で実が浮き上がり、下のほうはシロップしかない状態になってしまうため、少し盛り上げた状態で瓶詰めするのがコツです。しかし、たくさん積み上げすぎると、冷めてからもシロップに浸らない部分が保存中に変色してしまいます。

5
最初の1週間ほどは、瓶を横に寝かせて保存する。その後、杏が浮き上がらなくなれば立てて保存できる。

＊杏を盛り上げて瓶詰めしても、さらに実が浮かんでくるものです。瓶を寝かせてシロップが全体に行き渡るようにしておくことで、1週間くらい置くと、実にシロップが完全に浸透し、浮かばなくなってきます。冷暗所で半年～1年持ちますが、色の美しいうちにいただきましょう。

Abricots confits

杏のコンフィ

ヨーグルトに添えるのにぴったりですが、刻んだりピューレにしたりしてお菓子作りにも利用できます。

所要時間 … 2 日
保存期間 … 3 ヵ月
保存場所 … 冷暗所

Point

・水を加えず、杏の水分を引き出して煮詰めていきます。
・途中段階でグラグラと煮てしまうと、杏が煮崩れてしまいますので気をつけましょう。

材料（作りやすい分量）

杏(半割) … 300g
グラニュー糖 … 200g

作り方

1

半分にカットして種を除いた杏は、すぐに100gのグラニュー糖をまぶしてステンレスかホーローの鍋に入れておく。

2

水分が出たら火にかけ、一煮立ちしたら火を止め冷ます。再度、火にかけ、一煮立ちしたら火を止め、残りのグラニュー糖を加えて溶かし、一晩置く。

＊ここまでの工程でセミコンフィになります。

3

杏を取り出し、シロップのみ煮立たせ106〜107℃まで煮詰める。

4

シロップに杏を戻して冷蔵または瓶詰め、脱気(→P.9)して保存する。

＊脱気は、120㎖瓶の場合、沸騰後、弱火にして10〜12分加熱し、脱気して鍋に戻して 3 分加熱します。

Abricots demi-sec

杏のセミドライ

煮崩れないよう、砂糖を浸透させて（セミコンフィの状態）から乾燥させる方法をご紹介します。

所要時間 … 1〜3日
保存期間 … 冷蔵庫で1カ月、冷凍庫で3カ月

よくコンポートとシロップ漬けは何が違うの？　と聞かれることがあるのですが、私はコンポートとシロップ漬けを分けて考えています。コンポートはシロップで果物を煮て作るもの。シロップにはワインやバニラ、シナモンなど香料を加えたりレモン汁で味を引き締めたりもします。そしてシロップ漬けは、生や加熱した果物を別に用意したシロップに漬け込むものです。

シロップ漬けから作る方法

すでに実にシロップが浸透しているので、乾燥させるだけですっきりした甘さできれいに仕上がります。

作り方

1
杏のシロップ漬けはキッチンペーパーでシロップをふき取り、オーブンペーパーか網をのせた天板に並べる。

2
100℃に予熱したオーブンで90分ほど、途中2〜3回ひっくり返しながら乾燥させる。

3
網の上に並べたまま2〜3日室内干しする。

＊湿気の少ない涼しいところに置いて、好みの状態になればでき上がりです。

材料（作りやすい分量）

杏（半割）… 300g
グラニュー糖 … 200g

作り方

1
半分にカットして種を除いた杏は、すぐに100gのグラニュー糖をまぶしてステンレスかホーローの鍋に入れておく。

2
水分が出たら火にかけ、一煮立ちしたら火を止め冷ます。

3
再度、火にかけ、一煮立ちしたら火を止め、残りのグラニュー糖を加えて溶かし、一晩以上置く。

＊ここまでの工程でセミコンフィになります。

4
実を取り出して汁けをふき取り、2日ほど天日干しにする。

＊またはオーブン（100℃で60〜90分）で加熱して乾燥させてから、好みの状態になるまで室内干し（風通しのよいところ）する方法でもできます。

Confiture d'abricots

杏ジャム

追熟した杏を使い、砂糖を大量に加えなくても
甘さと酸味のバランスのよいジャムに仕上げます。

所要時間 … 60分
保存期間 … 3ヵ月
保存場所 … 冷暗所

Point

・ジャムにする杏は、**C**の状態(→P.41)でもいいですが、私はここからさらに1〜2日ほ
 ど追熟を続け、表面に若干のシワができるくらいになったものを用いています。追熟に
 よりペクチンの量は多少減っても大丈夫。もともと杏ジャムはゼリー状に固まるという
 より、実が煮崩れしドロリとした状態に仕上がります。

・傷のあるものは追熟中にも傷んできてしまうことがあります。注意して見ながら、傷ん
 できたものがあれば、その部分をカットして冷凍しましょう。ジャム作りを開始すると
 きに一緒に加えてください。

材料（120㎖瓶 8 本分）

杏（完熟したもの）… 正味 1 kg
グラニュー糖 … 500g〜

作り方

1
分量のグラニュー糖2/3を大きめの鍋に入れる。
杏は洗い、水を切り、縦のラインに沿ってくるりとナイフを入れて半分に割り、種を除く。さらに1/4にカットして鍋のグラニュー糖をまぶす（ⓐ）。

＊杏はゆっくり作業しているとカット面が変色してきますので、カットしたものから速やかにグラニュー糖をまぶしていきます。
＊取り除いた種は保存して杏仁豆腐に使えるので、捨てないでおきましょう。

2
すべて終えたらしばらく置き、水が上がってきたら火にかける（ⓑ）。

＊グラニュー糖が溶け切っていなくても大丈夫です。強めの中火で混ぜながら加熱します。最初から弱火だと時間がかかり色鮮やかに仕上がりません。

3
沸いてきたら残りのグラニュー糖を加える。アクが中央に集まってくるので、取り除き、弱火にして少し煮詰める。

＊最初のアクを取り除いたら火を弱めて、後は出てくるアクを端に寄せてすくいながら焦げつかせないよう煮ていきますが、杏はとろみがつきやすいので煮詰めすぎないよう注意してください。

4
味をみて、甘みが足りないようならグラニュー糖を追加する。

＊砂糖を加えるとまた少しアクが上がってきます。最後にグラニュー糖を加えてから、数分間は煮続けなくてはいけないので、逆算して味みとグラニュー糖の追加は煮上がりより少し前にしてください。

5
とろみがついてツヤが増してきたら（ⓒ）ジャムの固さを確認する。

＊冷水を入れたコップに、ジャムを 1 滴落とします。固まって下まで落ちたら固さは大丈夫ということ。水面近くで散ってしまったら煮詰め不足です。

6
必要なら同時に保存瓶を煮沸消毒しておき（→P.7）、瓶詰め、脱気（→P.9）で仕上げる。

 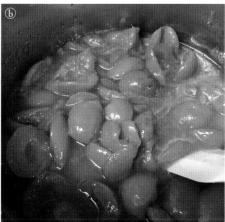 

Variations
abricot
杏のお菓子

48

Annin tofu
種から作る杏仁豆腐

せっかく手に入れた国産杏は、種まで余すことなく使い切りましょう。
一度味わったら忘れられない濃厚な風味の、本物の杏仁豆腐です。

杏のシロップ漬け

材料（4〜5人分）

杏の種 … 30個
牛乳 … 250g
生クリーム（乳脂肪分35％）… 100g
グラニュー糖 … 40g
イナアガー … 5g

[杏のゼリー]
　杏のシロップ漬け … 適宜
　シロップ（杏のシロップ漬け）… 220g
　グラニュー糖 … 3g
　イナアガー … 3g

準備

・杏の種は洗って果肉を落とし乾燥させておく。
・種の枝側に目打ちを差し込みハンマーで軽く
　たたく。種が割れたら仁を取り出しておく。
・時間のあるときに種を割り、仁を取り出して
　瓶に入れ、乾燥剤とともに保存しておくことも
　できます。
・仁を1〜2時間水にさらし、膨らんだら皮を
　むき、水を替える。さらに十分戻るまで一晩水
　に浸したまま冷蔵しておく。
・グラニュー糖とイナアガーはよく混ぜておく。
・種は贅沢にたくさん使っていますが、足りなく
　てもおいしくできます。

作り方

1
杏仁豆腐を作る。

(I)仁と浸けておいた水をミルミキサーなどにかけてで
きるだけ細かく粉砕する。さらしなどでこして70gに
する。足りなければ水を足す。

(II)Iと牛乳、生クリームを鍋に入れ、だまにならない
ように鍋の中をホイッパーで混ぜながらグラニュー糖
とイナアガーを少しずつ加える。火にかけて煮溶か
し、軽く沸いたら火を止める。型に流し入れ粗熱が取
れたら冷蔵庫で冷やし固める。

2
杏のゼリーを作る。

杏のシロップ漬けはシロップと実に分ける。実は適当
な大きさにカットして容器に入れ冷蔵庫で冷やしてお
く。シロップを鍋に入れ、グラニュー糖とイナアガー
をよく混ぜたものをだまにならないようホイッパーで
混ぜながら振り入れる。
火にかけて煮溶かし、軽く沸いたら火を止める。アク
を除いて冷やしておいた杏の容器に移し冷やし固め
る。

3
1で冷やした杏仁豆腐の上に2の杏のゼリーをのせ
る。

Mousse aux abricots

杏のムースケーキ

色鮮やかでかわいい、贈り物にもぴったりなケーキです。
ムースフィルムを使うので、型がなくても作れます。

杏のシロップ漬け

材料（6個分）

[共立てのビスキュイ]
   全卵 … 2個（110g）
   グラニュー糖 … 35g
   薄力粉 … 30g
   植物油 … 小さじ2

[ムース・オ・ザブリコ]
   杏のピュレ（→P.51「準備」）… 150g
   グラニュー糖 … 30g
   シロップ（杏のシロップ漬け）… 25g
   板ゼラチン … 2枚（5g）
   ヨーグルト … 60g
   生クリーム（乳脂肪分35%）… 160g
   グラニュー糖 … 15g

コアントロー風味のシロップ
   ┌ シロップ（杏のシロップ漬け）… 25g
   └ コアントロー … 小さじ1

杏（フィリング用）… 50g

[ジュレ・オ・ザブリコ]
   杏のピュレ … 50g
   シロップ（杏のシロップ漬け）
    … 50g
   板ゼラチン … 2/3枚（1.6g）

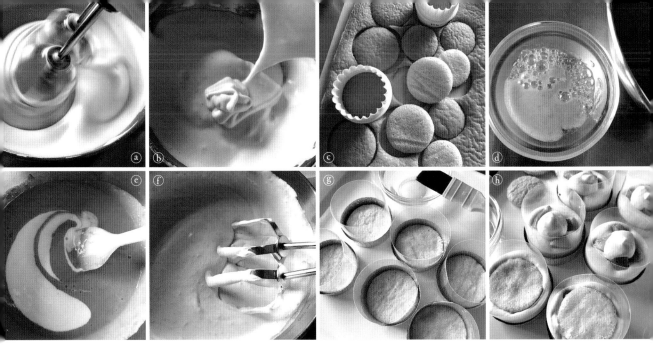

準備

- 卵は室温に戻す。
- オーブンは170℃に予熱する。
- 天板にオーブンペーパーを敷く。
- 薄力粉はふるっておく。
- ゼラチンは氷水で戻しておく。
- 「杏のピュレ」を作る。200gの杏(杏のシロップ漬け)をフードプロセッサーでピュレにして、150g(ムース用)と50g(ジュレ用)に分けておく。
- ムースフィルム(5×20cm)は直径6cmに丸めてテープで留めておく。
- コアントロー風味のシロップの材料は混ぜておく。
- フィリング用の杏(杏のシロップ漬け)は、1個を9等分にカットしておく。
- 絞り袋を用意する。

作り方

1

共立てのビスキュイを作る。

(I)全卵にグラニュー糖を加え、ハンドミキサーの高速で3分ほどもったりするまで泡立て、低速で2分ほどきめを整える(ⓐ)。

(II)薄力粉を加え、ヘラで手早くなめらかになるまで混ぜる。植物油を加えふんわり感が少し減ってくるまでしっかり混ぜ(ⓑ)、準備した天板に流し入れ170℃に予熱したオーブンで10分ほど焼く。

(III)冷めたら紙をはがし、58mmと48mmのセルクルで6枚ずつ抜いておく(ⓒ)。

2

ムース・オ・ザブリコを作る。

(I)ボウルに準備した杏のピュレ、グラニュー糖、シロップを入れて混ぜる。

(II)小さめの耐熱容器に準備したゼラチンを入れ、Iを大さじ1加えて電子レンジで軽く温める(ⓓ)。ヘラで混ぜて完全に溶けたら、Iのボウルに加える。

(III)ヨーグルトをなめらかにしてIIに加える(ⓔ)。ボウルの底を氷水にあて、ゴムベラで底から混ぜる。

(IV)生クリームにグラニュー糖を加えて七分立てにして、IIIに2回に分けて加え、ふんわりと混ぜる(ⓕ)。

3

組み立てる。

ケーキトレーにのせたムースフィルムの底に58mmのビスキュイをセットしてコアントロー風味のシロップを打つ(ⓖ)。絞り袋に入れたムースを1/3の高さまで絞り込み、フィリング用にカットしておいた杏を散らす。杏の上にムースを少し絞り、48mmのビスキュイを押し込むように入れ、さらにシロップを打つ。残りのムースを流し入れ(ⓗ)、冷やし固める。

4

ジュレ・オ・ザブリコを作る。

ゼラチンにシロップを少量加えレンジで軽く温め溶かす。50gのピュレに残りのシロップと溶かしたゼラチンを加えて混ぜる。3の表面に流し入れ、再び冷蔵庫で冷やし固める。

5

好みのデコレーションで仕上げる。

Tarte aux abricots et au thé Earl gray

杏のティータルト

アールグレイと相性のいい杏。焼き込むと杏の色がさらに濃くなり、味も濃厚になります。
「クレーム・ダマンド」は、ミル・ガトーおすすめの分離しない方法です。

杏のシロップ漬け / 杏ジャム

Point
・タルトは生地も「クレーム・ダマンド」も空気を入れないように混ぜます。

材料(18㎝のタルト型1台分)

[パートシュクレ(甘いタルト生地)]
　無塩バター … 75g
　粉糖 … 60g
　食塩 … 少々
　卵黄 … 30g
　薄力粉 … 150g

[クレーム・ダマンド・オ・テ(紅茶入りアーモンドクリーム)]
　無塩バター … 60g
　グラニュー糖 … 60g
　全卵 … 60g
　アーモンドプードル … 60g
　アールグレイの葉
　　… 大さじ1(細かい茶葉の場合、小さじ2)
　薄力粉 … 10g
　杏(シロップ漬け) … 適量

[仕上げ]
　杏ジャム … 適量
　水 … 少々
　ピスタチオ…適量

準備

・バターと卵は室温に戻しておく。
・粉類はふるう(アーモンドプードルは粗めのこし器でふるう)。
・杏は水けを切り、2等分にカットしておく。
・アールグレイの茶葉はすりこぎなどで細かくしておく。
・オーブンは170℃に予熱する。
・絞り袋を用意する。

作り方

1
パートシュクレを作る。

(I)室温にしておいたバターをボウルに入れ、ゴムベラでやわらかいクリーム状にする。

(II)粉糖を2回に分けて加え、なめらかにすり混ぜる。食塩と卵黄も加え、乳化するまでよく混ぜる。

(III)ふるった薄力粉を一度に加え、ゴムベラで切り混ぜる。ボウルの底から大きく返しては切る、を繰り返し、パラパラな状態からヘラに固まりがつくようになってきたら、さらにゴムベラかカードでボウルに大きくすりつけるようにして生地を均一にする。ひとまとめにしたら、両手で数回パンパンと手早く生地の空気抜き(ハンバーグの要領)をして丸めて平らに整える。ラップに挟んで、型より二回り大きく麺棒でのばし、冷蔵庫で30分休ませる。

＊この状態で冷凍も可。何枚かストックしておくと便利です。

2
クレーム・ダマンド・オ・テを作る。

(I)ボウルにバターを入れ、クリーム状にしたら、グラニュー糖を加えてなめらかに混ぜ合わせる。

(II)別のボウルに全卵を溶きほぐし、アーモンドプードルを加えて混ぜる。

(III)IIをIに加えて混ぜ、細かくしておいたアールグレイの葉と薄力粉を加え、混ぜる。

＊分離しないうえにヘラ1本で空気を入れずに混ぜることができるので、休ませずに使っても、焼成中に膨らみすぎることがありません。

3
型入れと焼成。

(I)1を型に敷き込み、余分は麺棒を転がして、落とす。サイドを整え冷蔵庫で30分以上休ませる。

(II)ピケして型の縁から出ている生地を切り落とす。クレーム・ダマンド・オ・テを絞り袋に入れてくるくると絞り入れ、カットしておいた杏をのせる。170℃に予熱したオーブンに入れ、途中色がついたら160℃に下げて合計35～40分焼く。

＊IとIIの間で、パートシュクレだけを空焼きするときれいに仕上がります。空焼きをする場合は、Iで休ませたところに準備したオーブンペーパーを敷きタルトストーンをのせて、170℃に予熱したオーブンで10分ほど、周囲に色がついてきたらオーブンペーパーとタルトストーンを取り除き、5分ほど空焼きし、全体に薄く焼き色をつけます。

4
焼成中に、杏ジャムを裏ごしし、水少々を加えて煮立たせる。

5
焼き上がったタルトは、熱いうちに4を塗りツヤを出す。刻んだピスタチオを散らす。

*Tarte aux abricots et
au thé Earl gray*

杏のティータルト
recette → P.52

gateau baton
d'abricot
杏りスティックケーキ
recette → P.56

55

gateau baton d'abricot

杏のスティックケーキ

アーモンドたっぷりの生地に杏のセミドライを入れて、しっとりおいしいスティックケーキができました。

杏のシロップ漬け / 杏のセミドライ

材料(15cm 6 本分)

[生地]

A
- アーモンドプードル … 35g
- グラニュー糖 … 35g
- 塩 … ひとつまみ
- 薄力粉 … 8 g
- コーンスターチ … 8 g
- ベーキングパウダー … 0.5g

全卵(M) … 1 個分(50g)
はちみつ … 8 g
無塩バター … 26g

杏のセミドライ … 5 個

[仕上げ]
シロップ(杏のシロップ漬け) … 小さじ 1 と1/2
コアントロー … 小さじ 1 と1/2

＊有塩バターを使う場合は、塩を加えないでください。
＊ベーキングパウダー0.5gは小さじ1/8くらいです。少量ですが、火通りをよくするために加えます。
＊杏のシロップがなければ水とグラニュー糖を 1：1 にレモン汁少々で代用します。
＊セミドライの杏が固い場合は、シロップ(漬け汁か上記の代用と同じ割合のもの)に浸してやわらかく戻してください。

準備

・杏のセミドライは 5 mm角に刻んでおく(ⓐ)。
・材料は常温にしておく。
・型にスプレーオイルかバターを塗る。
・アーモンドプードル、薄力粉、コーンスターチ、ベーキングパウダーは合わせてふるう。
・バターはレンジか湯煎で溶かしておく。
・オーブンは170℃に予熱する。
・絞り袋を用意しておく。
・仕上げの材料を合わせておく。

作り方

1
生地を作る。

(I)ボウルにAの材料をすべて入れ、ホイッパーでよく混ぜる。

(II)全卵とはちみつを溶き混ぜて加え、さらにホイッパーで粉けがなくなるまで混ぜる。

(III)溶かしバターを 3 回に分けて加える。そのつどくるくるとしっかり混ぜる。

(IV)最後に刻んでおいた杏のセミドライを散らし入れ、ゴムベラに替えてさっくりと合わせる。ラップをかけて冷蔵庫で20分休ませる。

2
絞り袋に 1 の生地を入れ型に均等に絞り込む(ⓑ)。170℃に予熱したオーブンに入れ、160〜170℃で15分ほど焼き色を見ながら焼く。

＊型に生地を絞り入れるとき、杏が先に出てくるので、均等になるように注意しましょう。
＊焼き色がつきやすい生地なので、焦げてしまわないようによく見ながら焼いてください。

3
焼き上がったらすぐに型から外し、熱いうちに仕上げのシロップを刷毛で塗る。

ⓐ
ⓑ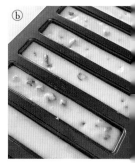

Chapitre 3

Prune verte

青梅

青梅について

　青梅は出始めの色が濃く固くしまったものを翡翠煮用に選んでいます。翡翠煮やジャムはもともとの青梅の色合いが仕上がりに反映するので、若干明るい緑の梅を使えば、仕上がりの色も明るめになります。好みで選ぶとよいでしょう。できるだけ傷やシミのない、新鮮な実を選びます。

　シロップ用には水分をたくさん蓄えたもの、大小混ざっていてもかまいません。色も少し追熟したくらいでもそれぞれに風味豊かなシロップが取れます。傷や傷んだものが混ざると、発酵しやすくなることがあるので避けるようにします。

青梅シロップ作りは、真夏の疲れた体をリフレッシュしてくれる毎年必須の梅仕事の一つです。梅本来の風味や味わいを楽しむのであれば生の梅から、途中で発酵してしまうリスクが少ないほうがいい、というなら冷凍梅から。

シロップ作りを終えた後の梅の実にはまだまだおいしいエキスが残っています。これを使って、コンフィとセミドライを作ります。梅の実には個体差があり、シロップを取り終えた後、固くシワシワに縮んでしまうものもあれば、まだ多少ふっくら感が残っているものもあります。この違い、砂糖の量？ 品種の違い？ などと思いきや、それだけではなさそうです。購入した同じ袋の梅の実を使い、砂糖を1:1にしても、砂糖を減らして1:0.7にしても同じ瓶の中でシワシワとふっくらと、両方できることがありました。生の梅と冷凍梅の比較では、冷凍梅のほうがシロップを取った後にふっくら感を残した梅が比較的残りやすいことがわかりました。コンフィもセミドライもふっくら感のある実が残っているときのお楽しみです。

青梅の保存

梅は追熟させない場合はすぐ加工するか、梅シロップ用なら冷凍保存をしましょう。生の青梅を冷凍しておけば、いつでも仕込めるのも利点です。旬の時期に購入した梅を何回かに分けて楽しむことができます。

冷凍の方法

1 優しく洗って梅の実のヘタを除き(ⓐ)水けをていねいにふき取る。

2 ナイフで梅の筋に沿って縦にぐるりと切れ目を入れる(ⓑ)。

＊種に達する深さまでぐるりと一回り切れ目を入れておくことで、シロップの抽出がスムーズに進みます。針打ちする方法もありますが、私はシロップを取った後の実をセミドライに加工するので、その際に種から実をはがしやすくするためでもあります。

3 ポリ袋に入れて冷凍する。

Bases
基本

Sirop de prunes

青梅シロップ

生梅から作るシロップは梅本来の風味と香りが生かされるのが利点ですが、今回は途中で発酵する
リスクが少なく、シロップを取った後の加工もしやすい冷凍梅を使ったシロップ作りをご紹介します。

所要時間 … 30分(冷凍時間を除く)
保存期間 … 1年
保存場所 … 冷蔵庫

Point

・梅シロップは青梅でも完熟梅でも作れます。風味や味わいはだいぶ違い、青梅は爽やかな香りと酸味、
　完熟梅は酸味が減り芳醇な香りがします。完熟梅のほうがシロップ作りの途中で発酵してしまいやすい
　ので注意が必要です。
・「生梅仕込み」であれば買ってきた梅をたっぷりの水に2時間ほど浸けてアクを抜きます。梅が少し熟し
　ているようなものであれば傷みの原因になるのでアク抜きはしません。また「冷凍梅仕込み」のときには
　アク抜き作業は省いてもさほど違いはありませんでした。

材料(4ℓ瓶1本分)

青梅(冷凍) … 1.5kg
グラニュー糖か氷砂糖 … 1.5kg

準備

・冷凍梅を作っておく(→P.59)
・瓶を消毒する(→P.7)

*大きなガラスの保存容器には、消
毒用のアルコールスプレーが便利
です。耐熱の容器の場合は熱湯消
毒がさせますが、大きな瓶は耐熱
でないことが多いので、洗剤でよ
く洗って乾かしたらアルコールスプ
レーをかけます。瓶の口や蓋の部
分も忘れずに。スプレーをかけた
後は布巾などでふき取ったりはせ
ず、乾かすようにします。

作り方

1
瓶に砂糖と梅を交互に入れ冷暗
所に置く。

*一番上に砂糖で蓋をするように
します。

2
1日数回、瓶をゆすり出てきた
シロップを全体に回す。

*最初のころは1日に2〜3回、シ
ロップが上がってきたら1日に1
〜2回ゆすり、できるだけ発酵し
ないように管理します。同じ部分
がずっと空気にさらされているとカ
ビが発生しやすくなります。

3
梅から十分水分が出て砂糖が溶
けてくればでき上がり。

*完全に砂糖が溶け切る前から飲
むことはできます。砂糖が溶けた
らしばらくそのまま冷暗所で熟成
させてもよいですし(次第に褐色にな
ってきます)、好きなときに梅だけ引
き上げて火入れ(その後の発酵を止め
るためシロップのみ70℃くらいまで加
熱する)をして冷めたら瓶に詰めま
す。火入れはすると安心ですが私
はしないままこして、きれいにした
ペットボトル500ml数本に詰めて
ラベリングし野菜室で保存してい
ます。こうして1年くらいは余裕
で使っていますよ。

発酵してしまったら…

シロップ作りの途中で、瓶をゆすったときにシュワっと発泡してきたら発酵し始めてい
ます。このとき瓶の蓋をきつく閉めておくと、破裂の危険がありますので、蓋を緩め
ておきます。まだシロップ作りの序盤であれば、丈夫な保存袋に中身を移し、冷蔵庫
で管理します。低温にすることで発酵が進みにくくなる間に砂糖が溶けて梅のエキス
が出るのを待ちます。シロップ作り中盤〜ほぼ終わっているような段階であれば、シ
ロップだけ火入れして発酵を止める処置をします。シロップのみ70℃ぐらいまで加熱
して冷まし、冷蔵庫か野菜室で保存します。実はコンフィやセミドライにしましょう。

Confit de prunes vertes

青梅のコンフィ

しっとり艶やかなコンフィはそのままお茶うけに、刻んでお菓子作りにも使えます。

所要時間 … 20分
保存期間 … 2週間
保存場所 … 冷蔵庫

材料(作りやすい分量)

梅の実(青梅シロップ) … 適宜
グラニュー糖 … 梅の実の重さの10%
シロップ(青梅シロップ)
　　… 梅の実の重さの20%

＊シロップ作りを終えた後のふっくら感
のある梅の実を使います。梅の実のシワ
シワ具合や固さを見て、必要に応じてシ
ロップを足しましょう。

作り方

1
シロップから取り出した実の果肉を種から外し重さをはかる。

＊ナイフの刃先やスプーンを使い、できるだけ種に果肉を残さない
ようにくり抜きます。

2
鍋に 1、グラニュー糖、梅シロップを入れる。中火にかけて焦
げつかないよう混ぜながら梅の実が膨らんできたら火を止めて
冷ます。

Prunes demi-sec

青梅のセミドライ

セミドライ作りは、
シロップ作りを終えた後、
まだふっくら感のある実が
残っているときのお楽しみです。

所要時間 … 90分〜数日
保存期間 … 冷蔵庫で1カ月
　　　　　　冷凍庫で6カ月

材料(作りやすい分量)

梅の実(青梅シロップ) … 適宜

作り方

1

シロップから取り出した実の果肉を種から外す。

＊ナイフの刃先やスプーンを使いできるだけ種に果肉を残さないように
くり抜きます。

2

天板に網をのせ、果肉を並べて100℃に予熱したオーブンで60
〜90分ほど乾燥させる。途中、1〜2回ひっくり返す。

＊オーブンペーパーでも大丈夫です。
＊100℃で長時間乾燥焼きしていると、外側が固くなりやすいです。
100℃以下で設定できる場合は60〜80℃で長時間乾燥焼きしたり、フ
ードドライヤーを利用することもできますが、それはそれで電気代がか
かりますね。私は100℃で60分ほど乾燥焼きして、その後は2〜3日
室内干ししています。こうするとよい具合に水分が抜け、しかもやわら
かく仕上がります。最初から天日干しすることもできますが、その場合
は虫やほこりがつかないようホームセンターなどで売っている干物専用
の干しかごを利用することをおすすめします。

3

好みの乾燥具合になったら保存袋に入れて冷蔵、または冷凍する。

Prunes mijotées

青梅の翡翠煮

その名のごとく翡翠のように美しい青緑色の梅の翡翠煮は、
暑い夏にぴったりの涼しげなデザートになります。

所要時間 … 4日
保存期間 … 3カ月
保存場所 … 冷暗所

Point

・皮が破れないようにしましょう。時間をかけすぎると梅が
　ぐずぐずやわらかくなり、温度を上げすぎると簡単に皮が
　破けてしまいます。
・翡翠色に仕上げましょう。青梅の美しい色は、加熱や塩水
　に浸けることですっかり黄土色に褪せてしまいます。それ
　を銅鍋でゆでることで、梅から抜け出てしまったマグネシ
　ウムイオンの代わりに銅イオンが入り、梅の実の葉緑素が
　元のように緑色に発色します。
・酸味を抜きすぎない＆えぐみを残しすぎないように注意。
　水にさらしすぎると腑抜けた味になってしまいます。

材料（200ml瓶6〜7本分）

青梅 … 1kg
塩 … 100g（下処理用）

[シロップ]
　水 … 900ml
　グラニュー糖 … 900g

準備

・銅鍋を用意する。ない場合はステンレスかホーローの鍋にホームセンターなどで購入できる銅板や銅線を入れる。
・針打ちの道具を用意する（→P.6）。
・青梅は水で洗い、布団針や爪楊枝でヘタを取り除いておく。
・塩水を作る。
・脱気は、200ml瓶の場合、沸騰後、弱火にして10分加熱し、脱気して鍋に戻して3分加熱します（皮が破けやすいので、火加減に注意してください）。

作り方

1
梅を針打ちし（ⓐ）、10％の塩水に24時間浸ける。

＊梅の全体にまんべんなく針を2〜3mm程度の深さで刺します。これにより青梅内部のえぐみと酸味を抜きやすくし、シロップが染み込みやすくなります。また皮が破けてしまうことを防ぐ助けになります。
＊ポリ袋に梅を入れ、10％の塩水を注いで空気を抜き、口をしばると少ない塩水ですみます（ⓑ）。常温に置きます。

2
24時間塩抜きをする。銅鍋にたっぷり湯を沸かし冷ましておく。

＊1の塩水を洗い流し、ボウルにたっぷりのきれいな水と梅を入れ、途中2回ほど水を替えながら24時間常温に置く（ⓒ）。
＊銅鍋に予め湯を沸かしておくのは、ゆでる水の中に予め銅イオンを出しておくことを期待した作業です。科学的にはわかりませんが、真水からゆでるより早く緑色に変化してくることを何度か確認しています。うまくいけばゆで時間の短縮につながり、梅がやわらかくなりすぎることを防ぐことができます。

3
準備しておいた銅鍋と水に青梅を入れ、中火でゆっくり加熱して沸騰直前で火を止めて1時間置く。再び中火にかけてフツフツしてきたら弱火にして色が変わるまで（ⓓ）静かにゆでる。

＊中火でゆっくり加熱して90℃をキープします。色が変わるのに30分くらいかかります。一旦火を止めて1時間置く

ことも、梅の色が変わるまでの時間を短縮するのに効果があるようです。普通にゆでると色が変わるまで1時間以上かかることもあるゆで時間を大幅に短縮できます。

4
色が変わったら、水さらしを6時間。

＊鍋ごと流しに移し、水を縁のほうからたらし入れる。完全に水が入れ替わったらそのまま6時間ほど置く。

5
シロップを作って梅を戻し、ゆっくりと含ませる。

＊梅がすでにかなりやわらかい場合は、水とグラニュー糖1:1を鍋に入れて溶かしたところに梅を入れ、一煮立ちしたら瓶詰め、脱気（→P.9）をします。梅がしっかりしている場合は、グラニュー糖の半量で作ったシロップに梅を入れ、一晩たったら残りのグラニュー糖を加えて同様にして仕上げます。

Memo

　これは、私が年数をかけて考えた理想的な翡翠煮を作るための工程です。
　もう少し簡単に、という場合、例えば「色は別にかまわない」というのであれば銅鍋は必要ありませんし、ゆで時間も梅の固さや味をみて終了すればよいでしょう。また「皮は多少破けても気にならない」という場合は、針打ちはせずにナイフで縦に1本切れ目を入れるくらいで大丈夫です。
　さらにもう少し簡略化したいなら、塩水浸けの工程も省略し、鍋に水と塩を少し入れてゆで始めてもいいかと思います。

Confiture de prunes

青梅のジャム

青梅の翡翠煮を作る際、皮が破けてしまった梅をつぶしてジャムにしたのがきっかけ。
手間はかかりますが、その分価値のある美しくも澄んだ味わいで、私のお気に入りのジャムの1つです。

所要時間 … 2 ～ 3 日
保存期間 … 2 ～ 3 ヵ月
保存場所 … 冷暗所

材料(120mℓ瓶 7 ～ 8 本分)

青梅 … 1 kg
水 … 1 ℓ (果肉と同量)
グラニュー糖
　… 500g (果肉の1/2量)

作り方

1
梅の実の種に沿ってくるりと包丁で深く切れ目を入れる(ⓐ)。

2
1 をたっぷりの水からゆっくり色が変わり完全にやわらかくなるまで、沸かさないよう静かに 60 分ほどゆでる(ⓑ)。

3
やわらかくなった梅を水に取り、途中 3 回水を替えながら、24時間置く。

4
調理用手袋をして、梅の実をぎゅっと握り、果肉と種を分ける。

5
果肉の重さをはかり、同量の水と一緒に銅鍋に入れる。火にかけ、沸騰したら火を止めて30分置く。

6
グラニュー糖を加え、梅が元の緑色に変わるまでアクを取りながら15分ほど加熱する(ⓒ)。

7
ジャムの固さを確認して仕上げる(ペクチンが多いのでやわらかめで終了する)。必要に応じて瓶詰め、脱気、冷却(→P.9)をする。

＊脱気は、120mℓ瓶の場合、沸騰後、弱火にして10～12分加熱し、脱気して鍋に戻して 3 分加熱します。

青梅の翡翠煮の途中から作る方法

作り方

1～4
「青梅の翡翠煮」の作り方(→P.65)の 1 ～ 4 と同じ。

5
調理用手袋をして、梅の実をぎゅっと握り、果肉と種を分ける。

6
果肉の重さをはかり、銅鍋に入れる。果肉の重さの1/2～同量の水と1/2量のグラニュー糖を加え煮詰める。

7
ジャムの固さを確認して仕上げる。必要なら瓶詰め、脱気、冷却(→P.9)をする。

＊ジャムの固さの確認方法
冷水を入れたコップに、ジャムを 1 滴落とします。固まって下まで落ちたら固さは大丈夫ということ。水面近くで散ってしまったら煮詰め不足です。

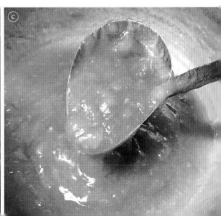

Variations
prune verte
青梅のお菓子

Verrines d'été

青梅のヴェリーヌ

旬のフルーツを使ったアレンジができるグラスデザートです。

青梅シロップ / 青梅の翡翠煮 / 青梅のジャム

材料(グラス6個分)

[ミントミルクゼリー]
　牛乳(特濃ミルク) … 300g
　ミント(生) … 10g
　グラニュー糖 … 38g
　アガー … 小さじ1弱(3.7g)

[梅ゼリー]
　青梅シロップ … 150g
　水 … 360g
　アガー … 小さじ3(12g)
　グラニュー糖 … 小さじ1

[仕上げ]
　青梅のジャム … 適宜
　青梅の翡翠煮 … 適宜
　ブルーベリー … 適宜
　ミント … 適宜

＊アガーはイナアガーLを使用

準備

• ミントはよく洗い水けを切っておく

作り方

1
ミントミルクゼリーを作る。

(I)鍋に牛乳とグラニュー糖小さじ1(分量内)とミントを入れて火にかけ(ⓐ)、軽く沸いたら火を止め、3分間蒸らしたらミントを取り除く。

(II)アガーと残りのグラニュー糖は小さな器に入れ、よく混ぜておく。

(III)Iをホイッパーで混ぜながら、だまにならないようIIを加える。火にかけ軽く沸いたらこす(ⓑ)。グラスに50gずつ流し入れ冷やし固める(ⓒ)。

2
梅ゼリーを作る。

(I)アガーとグラニュー糖を小さな器に入れ、よく混ぜる。

(II)鍋に水を入れ、ホイッパーで混ぜながらIをだまにならないよう加える。火にかけ軽く沸いたら火を止めて青梅シロップを加え、こしながら保存容器に流し入れる。アクを除く(ⓓ)。

＊保存容器に入れた後、ラップを密着させてはがすと泡やアクが取れます。

(III)常温で固まるが、粗熱が取れたら冷蔵庫で冷やしておく。

3
仕上げる。

ミントミルクゼリーが固まったら青梅シロップや水で適宜薄めた青梅のジャムを小さじ1/2ずつ入れる(ⓔ)。ブルーベリー、青梅の翡翠煮を刻んだものを散らしながらゼリーをスプーンですくってグラスに盛る(ⓕ)。

Prunes vertes en gelée

青梅翡翠煮のゼリーよせ

翡翠煮の瓶詰めを1本使って、見た目も美しいゼリーを作ります。

青梅の翡翠煮

材料（200㎖の瓶詰め1本分）

青梅の翡翠煮 … 200㎖の瓶詰め1本分
　　　　　　　（そのうちシロップは150g使用）
水 … 大さじ2
板ゼラチン … 1枚（2.5g）

作り方

1
瓶詰めはざるにあけて実とシロップに分ける。実は瓶に戻す。

2
ボウルにシロップ150gを入れ、水大さじ1を加える。

3
板ゼラチンは氷水で戻し（ⓐ）、耐熱用器に入れ水大さじ1を加えて電子レンジで温め溶かす（ⓑ）。

4
3を2に入れてよく混ぜ、1の瓶に注ぎ入れる（ⓒ）。蓋をして冷蔵庫で冷やし固める。

＊味が濃い場合は、水を大さじ1ほど足してください。ゼリーは緩くてもおいしくいただけます。

アガー（イナアガー）で作る場合

アガーで作るとより
のど越しのよい食感になります。

1．シロップと水は小鍋に入れる。
2．イナアガー小さじ1/2を同量のグラニュー糖とよく混ぜて1に加えて混ぜながら中火にかける。
3．一煮立ちしたら火を止めアクを除き、こしながら瓶に注ぎ入れる。冷やし固める。

＊アガーは常温でも固まりますが、冷やしたほうがおいしくいただけます。いろいろな種類のアガーがありますので、分量など加減してください。

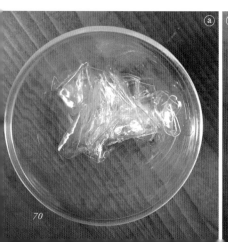  

Prunes vertes en
gelée

青梅翡翠煮のゼリーよせ
recette → P.70

Mizu manju de prunes vertes

青梅の水まんじゅう
recette → P.72

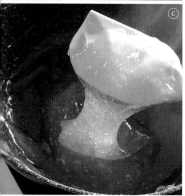

Mizu manju de prunes vertes

青梅の水まんじゅう

冷蔵庫で保存すると固くなるので、できたてを氷水で冷やして
その日のうちにいただきましょう。

青梅の翡翠煮

材料（6個分）

青梅の翡翠煮 … 3個
白あん … 36g
葛粉 … 30g
上白糖 … 20〜60g
水 … 180㎖

＊葛粉を半分ほどわらび粉
にすると食感がさらによく
なります。わらび粉のみ、片
栗粉などでも作れますよ。好
みの食感を見つけるのも楽
しいです。

作り方

1
青梅の翡翠煮は半分にカットし、ナイフの
先やスプーンで種をこそげ取る。

2
1の種を取り除いた穴に白あんを6gずつ詰
める(ⓐ)。

3
ボウルに葛粉と上白糖、水をよく混ぜ、溶
かす(ⓑ)。

4
3をこしながら鍋に入れて中火にかけ、ヘ
ラで混ぜる。透き通ってきたら火を弱めて
1分ほどまんべんなく混ぜながら加熱し(ⓒ)、
火を止める。

5
水にくぐらせた小さなカップ、または容器に
ラップを敷き、水で濡らしたスプーンで4
の半量を均等に入れる。

6
広げるようにのばして、2の青梅を下にし
て入れる(ⓓ)。4の残りの生地を均等に分
け入れ、手早く中身を覆う。

7
容器(またはラップを絞り輪ゴムでしばる)を氷水
に浮かべ冷やす(ⓔ)。

Chapitre 4

Cerise aigre

サワーチェリー

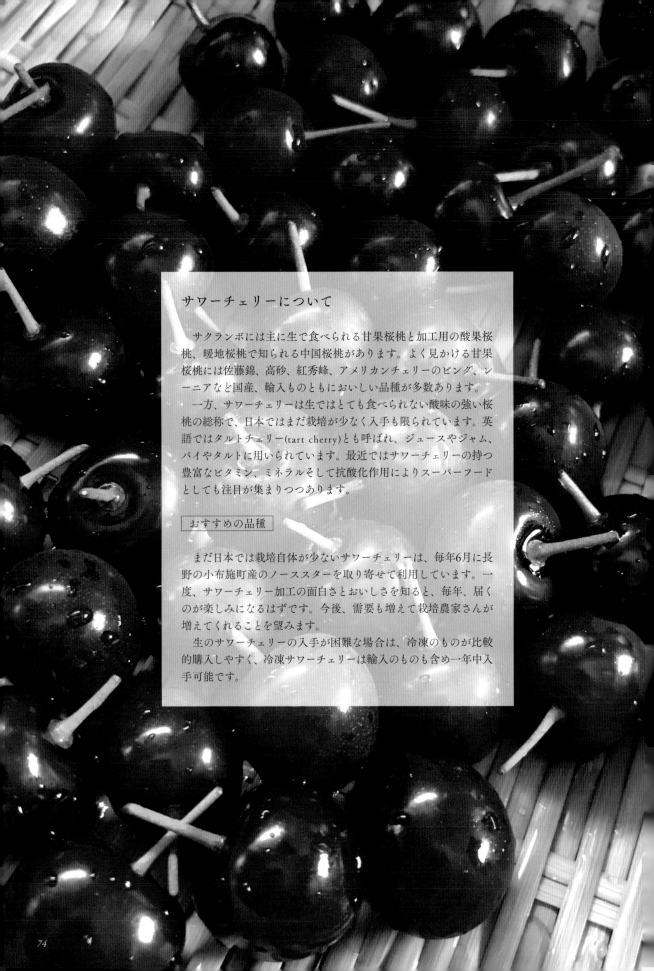

サワーチェリーについて

　サクランボには主に生で食べられる甘果桜桃と加工用の酸果桜桃、暖地桜桃で知られる中国桜桃があります。よく見かける甘果桜桃には佐藤錦、高砂、紅秀峰、アメリカンチェリーのビング、レーニアなど国産、輸入ものともにおいしい品種が多数あります。
　一方、サワーチェリーは生ではとても食べられない酸味の強い桜桃の総称で、日本ではまだ栽培が少なく入手も限られています。英語ではタルトチェリー(tart cherry)とも呼ばれ、ジュースやジャム、パイやタルトに用いられています。最近ではサワーチェリーの持つ豊富なビタミン、ミネラルそして抗酸化作用によりスーパーフードとしても注目が集まりつつあります。

おすすめの品種

　まだ日本では栽培自体が少ないサワーチェリーは、毎年6月に長野の小布施町産のノーススターを取り寄せて利用しています。一度、サワーチェリー加工の面白さとおいしさを知ると、毎年、届くのが楽しみになるはずです。今後、需要も増えて栽培農家さんが増えてくれることを望みます。
　生のサワーチェリーの入手が困難な場合は、冷凍のものが比較的購入しやすく、冷凍サワーチェリーは輸入のものも含め一年中入手可能です。

　　サワーチェリーは日本では稀少です。その宝石のような美しさをさらに際立たせるために新鮮なうち(お取り寄せの場合、できるだけ届いたその日)に加工してください。
　　私が実際にしているサワーチェリーの無駄のない加工法をご紹介します。

届いたサワーチェリーは、そっと水洗いしキッチンペーパーで水けを取ったら、3つに分類します。
❶枝つきのしっかりしたもの
❷枝は取れそうだけど実がしっかりしているもの
❸実がやわらかなもの

❶〜❸はそれぞれ以下のように加工し、お菓子作りなどに生かしています。

❶ → キルシュ漬け → チェリーボンボンに。
❷ → シロップ漬け → 冷やしてそのままアイスクリームやパンナコッタに添えて。
　　　　　　　　　　　ゼリー、ガトーショコラや焼き菓子にも。
　　→ コンフィ(セミコンフィ) → シロップ漬けと同様の使い方や、乾燥焼きしてセミドライに。
　　　　　　　　　　　水分が少ないのでパン生地に混ぜ込んでも。
❸ → 種抜き冷凍 → ジャム、コンフィ、チェリーパイのフィリング、スムージー、ピュレにして
　　　　　　　　　ムースやアイスクリームなどに。

サワーチェリーの保存

常温や冷蔵で保存することは考えずに、入手したら即、加工か冷凍してから保存します。

種抜き
冷凍の
方法

1 サワーチェリーの種を抜く(ⓐ)。

2 冷凍保存用の袋(ファスナーつき密閉袋)に入れてアルミトレーにのせ冷凍する。

＊しっかり凍ったらトレーは外して大丈夫です。

Bases
基本

Cerises aigres
au kirsch

サワーチェリーのキルシュ漬け
recette → P.77

Cerises aigres au sirop

サワーチェリーのシロップ漬け
recette → P.78

Cerises aigres au kirsch

サワーチェリーのキルシュ漬け

とっても簡単にできるキルシュ漬け。
キルシュ漬けを使ったチェリーボンボンも、ぜひ作ってみてください。

所要時間 … 15分
保存期間 … 3 カ月〜 1 年
保存場所 … 冷暗所

材料（作りやすい分量）

サワーチェリー … 適宜
グラニュー糖
　… サワーチェリーの30％
キルシュ … 適宜

作り方

1
サワーチェリー は枝つきのまま（2 ㎝ほど
にカットしてもよい）(ⓐ)清潔な瓶に詰める。
グラニュー糖を加える(ⓑ)。

2
キルシュをひたひたになるまで加え(ⓒ)、
しっかり蓋をして冷暗所に保存する。

＊チェリーボンボンにするには 3 〜 8 カ月
くらいがおすすめです。

Bases

Cerises aigres au sirop

サワーチェリーのシロップ漬け

ゼリーやアイスクリームに添えるだけで、
とても贅沢なスイーツに。
ガトーショコラやタルトなど、
焼き菓子との相性もいいですよ。

所要時間 … 1 時間
保存期間 … 6 カ月
保存場所 … 冷暗所

材料（作りやすい分量）

サワーチェリー … 適宜
水 … 種抜きサワーチェリーの80%
グラニュー糖 … 水の50%

作り方

1
サワーチェリーの種を抜く。

＊種を抜かずにシロップ漬けにすることもできます。

2
煮沸消毒した瓶に 1 （常温）を詰める。

3
水とグラニュー糖を沸かし、熱々のまま瓶に注ぐ（ⓐ）。

4
脱気（→P.9）して（ⓑ）、徐々に温度を下げたら冷暗所で保存する。

＊サワーチェリー用には145㎖のスリム瓶を使っています。サイズの大きい瓶を使うと脱気に時間がかかり、チェリーの皮がむけてしまうことがあります。また、実が冷たいと脱気に時間がかかるのでチェリーは常温にしておきます。スリム瓶で沸騰後、弱火にして 7 分、脱気して鍋に戻しさらに 3 分加熱。200㎖の瓶なら弱火にして10分、脱気して鍋に戻し 3 分加熱します。

アメリカンチェリーのシロップ漬け

アメリカンチェリーで作る場合は、次の分量を参考にしましょう。
作り方はサワーチェリーのシロップ漬けと同じです。

材料（200㎖瓶 3 本分）

アメリカンチェリー（種を抜いて正味）… 350g
水 … 260㎖
レモン汁 … 20g
グラニュー糖 … 150g

＊アメリカンチェリーは実がしまっていて皮もむけにくいので、大きめの瓶でも大丈夫です。

Confiture de cerises aigres

サワーチェリージャム

生では酸っぱくて食べられないサワーチェリーですが、
ジャムにすると味も香りもコクが出てとてもおいしくなります。

所要時間 … 1 時間
保存期間 … 冷暗所で 4 カ月（脱気あり）
　　　　　　冷蔵庫で 2 週間（脱気なし）

材料（90㎖瓶 3 本分）

冷凍サワーチェリー … 300g
グラニュー糖 … 160g
レモン汁 … 小さじ 1
水 … 大さじ 1

＊生のチェリーを使うときも、一旦冷凍すると短
時間でやわらかく煮えてくれます。アメリカンチ
ェリーなどの場合は、酸味を補うためにさらにレ
モン汁やクエン酸を加えます。

作り方

1
サワーチェリーは冷凍のまま鍋に入れ、グラニ
ュー糖とレモン汁、水を加えて中火にかける。

2
焦げつかせないよう混ぜていると、チェリーが
溶けて水が出てくるので、沸騰したらアクを取
り、弱火にして煮続ける。味をみて必要なら
グラニュー糖を追加する。

3
チェリーが十分やわらかくなりとろみがついて
きたらでき上がり。
必要に応じて瓶詰め、脱気（→P.9）をする。

＊脱気は、90㎖瓶の場合、沸騰後、弱火にして
10〜12分加熱し、脱気して鍋に戻して 3 分加熱
します。

Confit de cerises aigres

サワーチェリーのコンフィ

チェリーの持つ水分だけで煮て砂糖をしみ込ませます。
日持ちするのでお菓子の素材としても使いやすいですよ。

所要時間 … 2日
保存期間 … 冷暗所で 4 カ月(脱気あり)
　　　　　　冷蔵庫で 3 週間(脱気なし)

材料(作りやすい分量)

サワーチェリー(種を抜いたもの) … 300g
グラニュー糖 … 200g

作り方

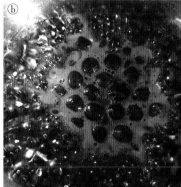

1
サワーチェリーの種を抜く。

2
1にグラニュー糖100gをまぶしてステンレス(またはホーロー)の鍋に入れ
ておく(ⓐ)。

3
水分が出たら火にかけ、一煮立ちしたら(ⓑ)火を止めて冷ます。
再度、火にかけ、一煮立ちしたら火を止め、残りのグラニュー糖を加え
て溶かし、一晩置く。

＊表面に浮いたアクは、粗熱が取れてからラップを密着させてはがすときれい
に除くことができます(ⓒ、ⓓ)。

4
実を取り出し、シロップのみ煮立たせ106〜107℃まで煮詰める。

5
シロップに実を戻して(ⓒ)冷蔵または瓶詰め、脱気して(→P.9)保存する。

＊脱気は、200㎖瓶の場合、沸騰後、弱火にして10〜12分加熱し、脱気し
て鍋に戻して 3 分加熱します。

Memo

　作り方の 3 まででセミコンフィになります。そのまま食べてもおいしいです
し、適度に水分が抜けてお菓子作りにも使いやすいので、セミコンフィの状態
で冷蔵庫で保存しておくのもおすすめです。余ったシロップは煮詰めて瓶詰め
にしておくと活用の幅が広がります(ソースやドレッシングなど)。冷凍サワーチェ
リーからでも作れます。

Variations
cerise aigre
サワーチェリーのお菓子

Gelée de cerises aigres et panna cotta au mascarpone

サワーチェリーのジュレとマスカルポーネのパンナコッタ

コクのあるパンナコッタは、お好みでマスカルポーネを生クリームに置き換えることもできます。
シナモンの風味とサワーチェリーの相性のよさを楽しんでください。

サワーチェリーのシロップ漬け

材料(4人分)

[サワーチェリージュレ]
　シロップ(サワーチェリーのシロップ漬け)
　　…85g
　グラニュー糖 … 適宜
　水 … 大さじ1
　板ゼラチン … 1枚(2.5g)
　サワーチェリー(シロップ漬け)… 90g

[マスカルポーネのパンナコッタ]
　マスカルポーネ … 100g
　グラニュー糖① … 15g
　グラニュー糖② … 10g
　シナモン … 適宜
　牛乳 … 120g
　板ゼラチン … 1枚(2.5g)

＊サワーチェリーのシロップ漬け、スリム瓶(145㎖)1本分を使用しています。
＊板ゼラチンは1枚が2.5gのものを使用。粉ゼラチンの場合は、同量か若干少なめに。
＊サワーチェリージュレの型はバットやボウルなど適当な器で、パンナコッタはグラスや大きな取り分け用の器で固めます。

準備

・板ゼラチンは氷水で戻して水けを絞っておく。
・サワーチェリーのシロップ漬けをざるにあけ、シロップと実を分けておく。

作り方

1
サワーチェリージュレを作る。

(I)シロップの味をみて必要ならグラニュー糖を適宜加えて溶かす。

(II)小さな耐熱容器に水と戻したゼラチンを入れ、電子レンジ(600W)で10秒ほど加熱して溶かし、Iに加えてよく混ぜる。

(III)実を加えて型に入れ冷やし固める。

2
マスカルポーネのパンナコッタを作る。

(I)ボウルにマスカルポーネとグラニュー糖①を入れ混ぜる。

(II)鍋にグラニュー糖②とシナモンを入れて混ぜる。牛乳を加えて沸騰直前まで温め、火を止めて戻したゼラチンを加えて溶かす。

(III)IのボウルにIIを3回に分けて加え混ぜたら、型に流し入れて冷やし固める。

3
仕上げる。

サワーチェリージュレを崩しながらパンナコッタにのせる。

gateau aux cerises et chocolat

サワーチェリーのチョコレートケーキ

コクがあるほろ苦い生地はしっとり。
酸っぱいサワーチェリーが
いいアクセントになっています。

サワーチェリーのシロップ漬け

材料(16cmフラワー型または18cmパウンド型1個分)

[ショコラ生地]
　ココア … 30g
　グラニュー糖① … 30g
　塩(天然塩) … 小さじ1/4
　全卵 … 1個(55g)
　グラニュー糖② … 60g
　生クリーム(乳脂肪分45%) … 80g
　植物油 … 60g
　薄力粉(ドルチェ) … 90g
　ベーキングパウダー … 小さじ1/2
　シロップ(サワーチェリーのシロップ漬け) … 45g
　水 … 40g
　サワーチェリー(シロップ漬け) … 80g

[グラス・オ・スリーズ]
　粉糖 … 50g
　シロップ(サワーチェリーのシロップ漬け) … 10g〜

準備

・型にクリーム状にしたバター(分量外)を塗り冷蔵庫で冷やす。
　強力粉(分量外)を振り余分な粉を落とす(パウンド型はオーブンペーパーを敷いてもよい)。
・オーブンは170℃に予熱しておく。
・粉類はふるい、卵、生クリームは常温にしておく。

作り方

1

ショコラ生地を作る。

(I)ボウルにココアとグラニュー糖①、塩を入れて混ぜておく。

(II)別のボウルに全卵とグラニュー糖②をハンドミキサー高速で1分ほど泡立てる(ⓐ)。

(III)生クリーム、植物油を順に加え、そのつどハンドミキサー低 - 中速で混ぜる。

(IV)粉類を加えてハンドミキサーの羽根でひと混ぜしてから低速で均一になるまで混ぜる(ⓑ)。

(V)鍋にシロップと水を沸かし、Iに加えて手早く溶かす(ⓒ)。

(VI)Vのココア液を熱々のうちにIVに加えて混ぜる(ⓓ)。

(VII)型に流し入れサワーチェリーを入れたら(ⓔ、ⓕ)、予熱したオーブン170℃で25分ほど焼く。竹串で刺して何もつかなければオーブンから出し、網の上に10分はどそのまま置いてからひっくり返して型を外す。

2

グラス・オ・スリーズを作る。

ボウルに粉糖とシロップを入れ、ヘラでよくすり混ぜてなめらかなグラス・オ・スリーズを作る(ⓖ)。

＊固ければシロップを少量足して調整します。

3

ケーキの粗熱が取れたらグラス・オ・スリーズを流しかける(ⓗ)。

4

150℃くらいのオーブンに30秒〜1分ほど入れ、グラスに触って指につかなくなれば出して冷ます。

Gâteau aux cerises
et chocolat
サワーチェリーのチョコレートケーキ
recette → P.84

86

Bonbons aux cerises

チェリーボンボン

recette → P.88

Bonbons aux cerises

チェリーボンボン

サワーチェリーのキュンとした酸味とフォンダンが溶け込んだほどよく甘酸っぱいキルシュに、
ほろ苦いダークチョコがよく合います。

┌─────────────────────┐
│ サワーチェリーのキルシュ漬け │
└─────────────────────┘

材料(作りやすい分量)

サワーチェリー(キルシュ漬け)
　　…250g(400㎖瓶1本分)
フォンダン … 200gくらい
┌ グラニュー糖 … 150g
│ 水あめ … 35g
└ 水 … 40g
ダークチョコレート … 300g
粉糖(天板に振る用) … 適宜

作り方

1
サワーチェリーを瓶から出して網の上にのせ
1日置いて乾かす(ⓐ)。

＊乾かさないとフォンダンのコーティングが流
れてしまうため。

2
フォンダンを作る。(→P.90)

3
フォンダンを手でもんでやわらかくしたら耐
熱容器に入れ、電子レンジで40℃くらいに
温める。チェリーを漬けていたキルシュを少
量加えてコーティングしやすい固さに調整
する。

＊フォンダンの固さは、加熱温度と加えるキル
シュの量、両方で変わってきます(加熱温度は、
エクレアなどの通常使用では人肌程度ですが、ここ
ではしっかり固めたいので40〜45℃くらいまでにし
ます。高すぎると砂糖の結晶が溶けて透明になりシ
ロップに戻ってしまうので注意)。温めてからキル
シュを加えて固さを調整し、必要なら再度温め
ます。やわらかすぎるとチェリーをコーティン
グした後、流れて底にたまってしまうので注意
してください。作業中に固くなってきたら軽く
温め直します。

4
チェリーを1つずつフォンダンでコーティングして乾かす。
(ⓑ)

＊天板にオーブンペーパーかOPPシートを敷き、茶こしで粉
糖をまんべんなく振っておきます(コーティングしたフォンダンが
張りつかないようにするため)。チェリーの枝を注意深く持ち、フ
ォンダンで3/4ほどコーティングします。枝までコーティング
するとチョコレートで仕上げた後にフォンダンが溶けてできる
液が漏れ出てしまうことがあります。

5
チョコレートをテンパリングして(→P.90)、4のチェリー
をコーティングする。

まずは底の部分だけ浸してチョコレートの土台を作る。

＊底を補強することによりフォンダンが溶けてできるシロップ
が漏れ出てくるのを防ぎます。天板や平らなトレーにオーブン
ペーパーやOPPシートを敷いたところに並べて乾かします。テ
ンパリングが適正にとれていると、すぐに乾いてきます。

続いて全体をコーティングする。

＊チョコレートは小さめで深さのある容器に入れておくと作業
がしやすいです。
枝を持ち、静かにチェリーを枝の5㎜ほどつかるくらいチョコ
レートに沈めます。チェリーを引き上げて何度か上下させると
チョコレート同士で引き合い、余分が自然と落ちます。先ほど
のペーパー(またはOPPシートなど)の上に並べ、そのまま涼し
いところに置きます(ⓒ)。

6
仕上がりの確認。

＊1週間ほど経つとチェリーに含まれていたキルシュと果汁が
混ざり合った液体がフォンダンのコーティングを溶かし、チョ
コレートの殻の中で液体に変わります(ⓓ)。1粒割ってみて、
フォンダンが溶け残っている場合はあと数日待ちます。すべて
液体に変われば完成です。冷暗所に保存して1カ月はおいし
さを保てます。

ダークチョコレートをル
ビーチョコレートにして
もかわいく、味も酸味
もちょうどいいですよ。

89

フォンダンの作り方

フォンダンとは、なめらかなクリーム状の砂糖衣のこと。
チェリーボンボン作りでは、チェリーを乾かしている日にフォンダンを作ります。
フォンダンは作ってから半日〜1日置くことで、結晶の角が取れてよりなめらかになり、よいタイミングでボンボン作りができます。

材料(作りやすい分量)

グラニュー糖 … 150g
水あめ … 35g
水 … 40g

作り方

1
すべての材料を鍋に入れ、114〜118℃に熱する。

2
ステンレスやマーブル台など熱に強く平らなところに流す。

3
手で触れるくらい(40〜50℃)になったら、木ベラで撹拌する(ⓐ)。

*少量なので、すぐに温度が下がってきます。冷めすぎないうちに撹拌し始めます。

4
白っぽくなってきたら(ⓑ)しっかりゴシゴシとすり混ぜて、全体が再結晶して白くボロボロとした状態になったら(ⓒ)ひとまとめにして手でよく練る。手のひらのつけ根を使って、押し出すようにしてしっかり練ることで(ⓓ)、粒子が細かいなめらかな口溶けのフォンダンになる。

5
つるりとした状態になれば(ⓔ)、丸めてラップで覆い、常温で保存する。

*無添加なので、冷蔵保存は長くなると結晶が大きくなり質が落ちます。

 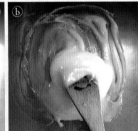  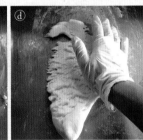 

チョコレートのテンパリングの方法

チョコレート(クーベルチュール・スイート)は、サワーチェリーのフルーティーな酸味と合うものを選びます。
テンパリングにはいくつか方法がありますが、ここでは一般的な方法をご紹介します。
チョコレート300gというのは、適正にテンパリングできる最小の量です。
チョコレートのメーカーや種類によって、テンパリングの作用温度は違ってきます。
まずは、お使いのチョコレートのテンパリング温度を確認しましょう。

一般的な方法(スイートチョコレートの場合)

1
チョコレート(塊なら刻んで)を湯煎か電子レンジで溶かし、指定の温度まで上げる(50〜55℃)。

*湯煎の場合、水滴や湯気がチョコレートにかからないよう、湯を張るボウルは必ずチョコレートのボウルより小さいものを使用します。電子レンジは加熱にむらができやすいので、やわらかくなってきたら10秒ごとにヘラで混ぜて様子を見ながら追加加熱します。

2
別のボウルに水を入れ、チョコレートのボウルをあてて温度を下げる(27〜29℃)。

*空気が入らないようヘラでボウルの底から混ぜながら温度を下げます。

3
再び湯煎にかけ、温度を上げる(30〜32℃)。

*湯煎にかけたり外したりしながら、余熱を利用して調温します。
最終温度に達したら、テンパリングがとれているかテストをします。ヘラやパレットナイフの先にチョコレートをつけて、1〜2分以内に固まれば成功です。うまくいかないようなら最初からやり直します。

Chapitre 5

Agrumes

柑橘類

柑橘類について

　以前はマーマレードやジャムを作るくらいでしたが、茨城に住むようになり友人や知人から採れすぎたみかんや品種がわからない柑橘をたくさんいただく機会も増え、せっかくだからできるだけ長く楽しめるように、そしてお菓子の素材としても生かせれば、とオレンジコンフィやピールを作るようになりました。

　最近では自宅のみかんの木がたくさん実をつけてくれるようになりました。特にお世話をしないので酸味が強めですが、かえってジャムなどに加工するには好都合です。完全無農薬で好きなときに収穫できるのが何よりうれしいところ。生で食べるには酸味が強いくらいのほうが、加工の際に砂糖を加えることでバランスがとれるので、おいしい加工品ができます。

おすすめの品種

　国産で減農薬、ノーワックス、防腐剤不使用などがおすすめです。無農薬でしたら安心して皮まで活用できますね。またそうでなくても、私のマーマレードの作り方では最初に丸ごとゆでるので、皮をやわらかくしつつ汚れや残留農薬もかなり落とすことができるようです。

　市販の国産柑橘類は年々豊富になっています。国産のブラッドオレンジなどもスーパーで購入できるようになりました。河内晩柑も香りがよくマーマレードにもピールにも向いています。ただ、同じ柑橘類の皮にも個性があるので、入手したら香りを嗅いで、皮を少し生で食べてみたりして、苦みや辛みの強さを確かめてから作業に取りかかります。

　わが家の場合、無農薬の柚子とみかんはお庭から、小夏(日向夏)や金柑をご近所からいただいてきます。レモンの木はなかなか実をつけてくれません。
　冬から春にかけて国産柑橘類が次々旬を迎えて出てきます。購入したり収穫したり、いただいたりする柑橘をそのときの保存のスペースなどを考えながら、生でおいしいものは実を楽しみ、残った皮でピール作りなど気ままに加工しています。

　柚子は料理で必要な分をそのつど、収穫して使いながら、霜が降りるのを目安にして、残りを収穫・保存しつつマーマレードやカードにして楽しみます。
　オレンジは国産の小ぶりのものが手に入れば、時間をかけてオレンジコンフィに加工し、パック詰めして冷蔵や冷凍保存しておきます。これを必要なときに刻んだり、乾燥させたりしながらお菓子作りに使っています。

柑橘類の保存

　みかんや柚子などやわらかいものは、ヘタを下にしておくと持ちがよいです。わが家の場合、段ボール箱にヘタを下にして入れ、一番上を新聞紙で覆い、雨風、直射日光の当たらないウッドデッキの隅に置いています。冬場はベランダで直射日光の当たらない場所か屋内の場合は暖房の当たらない温度の低めの場所に置くとよいでしょう。
　暑い時期のオレンジなどは、ポリ袋に入れて野菜室で保存すると長持ちします。保存方法にかかわらず、傷んだものがあればまわりも傷んでくるので、すぐに取り除くようにします。

Bases

基本

Tranches d'orange confites

オレンジコンフィ

試作を重ねて今の作り方になりました。
オレンジは小ぶりで酸味の強いものが合います。
皮を食べるので、できれば国産無農薬がいいですね。

所要時間 … 5日間くらい
保存期間 … 冷蔵庫で1年
　　　　　　冷凍庫で2年

Point

・最初の苦み抜きの作業が大事ですので、ていねいにしてください。

・種が苦いものもありますので、できるだけ 3 の段階で取り除くとよいです。

・煮詰めの温度は保存目的か、あっさりめがよいか、
　また保存法によって加減します。
　（私は製菓製パンの素材としても使うので105℃まで煮詰めています）

材料（小ぶりのオレンジ 4 ～ 5 個分）

オレンジ … 600g

［シロップ］
　水 … 400mℓ
　グラニュー糖 … 600g

準備

・オレンジはよく洗い、まんべんなく針打ちをする（ⓐ）

＊私は割り箸に縫い針を 4 本固定したものを使っています。

作り方

1
大きい鍋にたっぷりの水、オレンジを入れ落とし蓋をし、中強火にかけ沸騰したら弱火で 2 ～ 3 分ゆでる。水にとってヘタを取り周りの汚れを落とす（ⓑ）。

2
たっぷりの水にオレンジを入れ、1 ～ 2 日置く。その間、水を 4 ～ 5 回替える。

＊水に溶け出すえぐみ、苦みをみながら、おおむねなくなるまで。

3
鍋に水とグラニュー糖300gを沸かし、5 mm厚にスライスして種を取ったオレンジを浸す。穴をあけたオーブンペーパーで紙蓋をして（ⓒ）、弱めの中火にかける。沸騰したら弱火で15分ほど煮て火を止め、半日～ 1 日放置する。

4
ここで一旦、味をみる。
苦い、と感じるようならシロップを半分、場合によっては全部取り替える（水：砂糖を 4：3 でシロップを作り減らした分加える）。大丈夫ならオレンジをわきに寄せてシロップの部分にグラニュー糖100gを加えて鍋をゆすり中弱火にかける。沸騰したら火を止め、半日～ 1 日放置する。

5
さらにグラニュー糖を100g加え、鍋をゆすり中弱火にかける。沸騰したら火を止め、半日～ 1 日放置する。
これをあと 1 回繰り返すとサラサラだったシロップにとろみがつきツヤが出てくる（ⓓ）。
さらにシロップが103～105℃になるまで煮詰める（煮詰めすぎないように）。

6
小分けにし、冷蔵または冷凍庫で保存する。

＊瓶詰めにして脱気処理をすれば、長期間常温保存も可能です。おすすめはファスナーつき密閉袋などに小分けし、空気を抜いた状態での冷蔵保存です（ⓒ）。

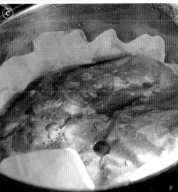

金柑の焼酎煮

焼酎はくせのないホワイトリカーを使用。たくさん作って冷蔵庫に常備し、
箸休めや、のどの調子がよくないときにもどうぞ。シロップは熱湯や炭酸で割ってもおいしいですよ。

所要時間 … 40分
保存期間 … 2週間
保存場所 … 冷蔵庫

材料（作りやすい分量）

金柑 … 400g
焼酎（果実酒用ホワイトリカー）
　　… 200mℓ（金柑がひたひたになるくらい）
砂糖 … 100g（焼酎の50%）
はちみつ … 100g（焼酎の50%）

準備

・金柑はきれいに洗ってヘタを取り除く。
・金柑に縦に4〜6カ所ほど切り込みを入れる。
・種が気になる場合は竹串などで取り除く。

作り方

1
鍋にたっぷりの水と金柑を入れて火にかけ、沸騰後弱火にして3分ほどゆでたら、ざるに上げる。

2
鍋に焼酎、砂糖、はちみつと1の金柑を入れ沸かし、紙蓋か、鍋蓋を少しずらした状態で20分ほどコトコト煮含める。

3
消毒した瓶や保存容器（→P.7）に入れ、冷めたら冷蔵庫で保存する。

金柑のコンポート

洋風のコンポートは、あっさりした仕上がりなので、タルトなどお菓子の素材としても重宝します。準備は焼酎煮と同じです。

材料（作りやすい分量）

金柑 … 300g
グラニュー糖 … 90g
白ワイン … 90mℓ
水 … 90mℓ

作り方

1
鍋にたっぷりの水と金柑を入れて火にかけ、沸騰後弱火にして3分ほどゆでたら、ざるに上げる。

2
鍋にグラニュー糖、白ワイン、水を入れ沸かし、1の金柑を入れ弱火にして紙蓋をし、5〜10分金柑がやわらかくなるまで加熱する。

Compote de kumquats au shochu

金柑の焼酎煮
recette → P.96

Kumquat confit

金柑コンフィ
recette → P.98

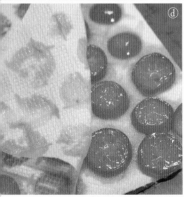

Kumquat confit

金柑コンフィ

コンフィは刻んでお菓子に使えるのはもちろん、
余ったシロップも甘酸っぱくておいしいので、
焼き菓子の表面に塗ったり、お茶に加えて飲んだりしてもいいですよ。

所要時間 … 1 時間半
保存期間 … 冷暗所で 2 週間
　　　　　　冷蔵庫で 1 カ月

材料(作りやすい分量)

金柑 … 300g
グラニュー糖 … 180g(金柑の重さの60%)
水 … 180mℓ

準備

・金柑はきれいに洗ってヘタを取り除く。
・オーブンは100℃に予熱する。

作り方

1
金柑は、5mm厚にスライスし、種を取り除く(ⓐ)。

2
鍋にグラニュー糖の半量と水を入れて沸かし、1の金柑を加える(ⓑ)。

3
中火にかけ、沸騰したら弱火にし、アクを取り除く。

4
やわらかくなるまで3〜5分煮て(ⓒ)、残りのグラニュー糖を加え一煮
立ちしたら火を止めて、そのまま冷ましてしばらく(数時間)置いておく。

5
汁けをキッチンペーパーなどでふき(ⓓ)、オーブンシートに並べて100℃
に予熱したオーブンで60分ほど乾燥させる(ⓔ)(途中、表裏を返す)。触っ
てみて手につかなくなれば、冷まして清潔な瓶などに入れる。

＊オーブンでの乾燥は、ときどき様子を見ながら、あまり乾かしすぎないほ
うがおいしいです。

Confiture de clémentines

みかんジャム

ご紹介するレシピは、お庭の木からもいだみかんを使って
昨年作ったときのもの。このときは途中で味をみて、
みかんのしぼり汁を加えました。
そんなふうに味をみながら、
好みの状態に作ることができるのが
手作りジャムのいいところです。

所要時間 … 1 時間
保存期間 … 冷暗所で 4 カ月(脱気あり)
冷蔵庫で 2 週間(脱気なし)

材料(120ml瓶 7 本分)

みかん … 1.5kgくらい
（ 果肉 … 1200 g
皮 … 200 g ）
グラニュー糖 … 530 g
みかんのしぼり汁 … 1 個分

作り方

1
大きな鍋にたっぷりの水と洗ったみかん
を入れて火にかけ、沸騰後弱火で 5 分ほ
どゆでて火を止め、15 分ほどそのまま
にしておく。

2
みかんの皮をむき(ⓐ)、皮はきれいなと
ころだけ取り分け軽く絞る。フードプロ
セッサーにかけ、ぼろぼろした状態にす
る(かけすぎない)。

3
果肉はフードプロセッサーに形が残る程
度に軽くかける。

4
ステンレスかホーローの鍋に 2、3、グ
ラニュー糖の半量を入れ、火にかける。

5
沸騰したら中央に集まったアクを取り除
き、火を弱めてやわらかくなるまで混ぜ
ながら煮る。

6
みかんのしぼり汁と残りのグラニュー糖
(味をみながら)を加えてとろみがつくまで
煮詰める。

＊みかんの果芯など煮溶けていないものは
ここで取り除きます。
＊市販の酸味が少ないみかんの場合は、レ
モン汁で補ってください。

7
必要に応じて瓶詰め、脱気(ⓑ)、冷却
(→P.9)をする。

＊脱気は、120ml瓶の場合、沸騰後、弱火
にして10〜12分加熱し、脱気して鍋に戻
して 3 分加熱します。

Marmalade de Natsumikan

無農薬夏みかんのマーマレード

フルーティに仕上げるため、果肉だけ1個分余分に入れ
最後にコアントローをたらり。
とてもフレッシュなマーマレードになりました。

所要時間 … 1時間半
保存期間 … 冷暗所で4カ月(脱気あり)
　　　　　　冷蔵庫で2週間(脱気なし)

材料(120㎖瓶7本分)

夏みかん … 小さめ4個(果肉も種も使う)
砂糖 … 500g
　(絞った果皮と薄皮をむいた果実の重量の50%〜)
コアントロー … 適量

＊果肉を1個分プラスして(フルーティに仕上げるため)夏みか
んの果肉と皮の分量が950gだったので、砂糖は約500g使
用しています。

準備

・夏みかんはたっぷりの水から5分ゆでて水に取り、
　表面の汚れを流水でよくこすり落とす。
・皮と果肉(薄皮をむいておく)、種に分ける(ⓐ)。
・種はお茶パックに入れておく。

作り方

1
皮は薄くスライスして水にさらす(ⓑ)。水中でよくもみ、
ざるに取り絞っては水を替える。水が濁らなくなるまで
繰り返し(6回くらい)、最後によく絞る。

2
鍋に1とひたひたの水を入れ、5分ほどゆでて苦みの
チェックをする。必要なら水を替える(苦みが強いようなら再
度5分ゆでてチェックする)。大丈夫なら、ほぐした果肉、お
茶パックに入れた種、砂糖の半量を入れて火にかける(ⓒ)。

3
アクを取り除きながら煮て、皮がやわらかくなったら残
りの砂糖を加える。

4
さらに煮続け、味をみて必要なら砂糖を追加する。

5
とろみがついたらお茶パックを取り除き、仕上げにコア
ントローを少々加える。必要に応じて瓶詰め、脱気、冷
却(→P.9)をする。

＊脱気は、120㎖瓶の場合、沸騰後、弱火にして10〜12分
加熱し、脱気して鍋に戻して3分加熱します。

Marmalade d'agrumes

国産ミックスのマーマレード

お好みの柑橘類を使って、
いろいろな味を楽しんでください。
果皮の香のよいものは食べてみて
組み合わせるといいですよ。

所要時間 … 1時間半
保存期間 …
冷暗所で4ヵ月(脱気あり)
冷蔵庫で2週間(脱気なし)

材料(120㎖瓶7本分)

サンフルーツ、甘夏など … 3個
デコポン(果肉のみ) … 1個
清見オレンジ(果肉のみ) … 1個
グラニュー糖 … 適量
　(絞った皮と薄皮をむいた果肉の重量の50% −)
好みでコアントロー … 小さじ1

準備

・皮を使うものは、たっぷりの水から5分ほどゆでて水
　に取り、塩少々で表面の汚れやワックスをこすり落と
　す。皮と果肉を分けておく。
・果肉のみ使うものは、皮と薄皮をむいてほぐしておく。
・種はお茶パックに入れておく。

作り方

1
準備した皮は、薄くスライスして水にさらす。水中でよ
くもみ、ざるに取り絞っては水を替える。水が濁らなく
なるまで繰り返し(5回くらい)、最後によく絞る。

2
鍋に1とひたひたの水を入れ、5分ほどゆでて苦みの
チェックをする。必要なら水を替える(苦みが強いようなら
再度5分ゆでてチェックする)。

3
2にほぐした果肉、お茶パックに入れた種、グラニュー
糖の半量を加え火にかけ、アクを取り除きながら煮て、
皮が十分やわらかくなったら残りのグラニュー糖を加え
る。

4
さらに煮続け、とろみが出てきたらお茶パックを取り除
き、味をみて必要ならグラニュー糖を追加する。数分煮
て氷水で固まり具合をチェックし(→P.67)、最後に好み
でコアントローを加える。
必要に応じて瓶詰め、脱気、冷却(→P.9)をする。

*脱気は、120㎖瓶の場合、沸騰後、弱火にして10〜12分
加熱し、脱気して鍋に戻して3分加熱します。

Marmelade de citron

レモンのマーマレード

レモンの酸味を調えるため
多くの砂糖を加えて煮詰めると
固い水あめのようになってしまうことも。
そんなときはオリゴ糖を加えます。
優しい甘みが濃くなった味を
まろやかにしてくれます。

所要時間 … 50分
保存期間 … 冷暗所で5カ月(脱気あり)
　　　　　　冷蔵庫で3週間(脱気なし)

材料(200㎖瓶2本分)

国産レモン … 5個
グラニュー糖 … 300g(絞った皮と薄皮
　　をむいた果肉の重量の50%～)
オリゴ糖 … 適宜

準備

・レモンはたっぷりの水から5分ゆで
　て水に取り、表面の汚れを流水で
　よくこすり落とす。

作り方

1
レモンは1/4にカットして中身を出す。

2
皮は薄くスライスして水にさらす(ⓐ)。
水中でよくもみ、ざるに取り絞っては
水を替える(4～5回)。水が澄んでき
たら、絞って重さをはかる。

3
中身は絞って汁を取り、果肉もできるだ
け取り(ⓑ)一緒にして重さをはかる。種は
お茶パックに入れる。

4
鍋に2と水をひたひたまで入れて中火に
かける。沸いたら火を弱め、5分ほどゆ
でる。味をみて苦いようなら水を替える。
大丈夫ならそのままグラニュー糖の半量
と3の汁と果肉とお茶パックを加えて火
を強めて沸かす。アクを取り除いたら火
を弱め、皮が十分やわらかくなったら残
りのグラニュー糖を加えて煮続ける(ⓒ)。

5
とろみがついてきたらお茶パックを取り除
き、味をみて、甘みが足りなければグラ
ニュー糖を追加する。味が強すぎるよう
ならオリゴ糖を加えて調節する。最後の
砂糖を加えてから数分間煮続け仕上げる。
必要に応じて瓶詰め、脱気(→P.9)をする。

※脱気は、120㎖瓶の場合、沸騰後、弱火に
して10～12分加熱し、脱気して鍋に戻して3
分加熱します。

材料(120㎖瓶1本分)

レモン汁 … 40g
レモンの皮 … 1/3個分
グラニュー糖 … 50g〜
卵黄 … 2個分
卵白 … 30g
無塩バター … 35g

準備

・レモンの皮は表面の黄色い部分をラップの上ですりおろして、グラニュー糖をひとつまみ振りかけ、ラップの上からもみ込んでおく。
・レモンの果肉は汁を絞っておく。
・卵黄と卵白は混ぜておく。
・無塩バターは1㎝角にカットしておく。

作り方

1
ボウルにグラニュー糖とレモン汁を入れ混ぜる。

＊グラニュー糖は好みで増やしてください(ただし分量以上は減らさないでください)。

2
溶きほぐした卵を2回に分けて加えてホイッパーでよく混ぜる。

3
こしながら鍋に入れ、準備した皮を加えて弱火にかける。

4
ヘラでしっかり混ぜながらゆっくり加熱し、とろみがついてフツフツしてきたら火を止める。

＊湯煎で作ることも多いですが、私はしっかり火を通したいので弱火でフツフツしてから20秒くらいは加熱し続けています。焦らず、しっかりよく混ぜることができれば凝固することなくなめらかに仕上がり、日持ちもよくなります。

5
バターを加えて溶かしながら混ぜ、しっかり乳化したら清潔な保存容器や瓶に入れて冷蔵庫で保存する。

Crème de citron

レモンカード

酸味と甘みのバランスがちょうどいいレモンカード。なめらかに仕上げるコツは、焦らずゆっくり火を通すこと。トーストによく合います。

所要時間 … 30分
保存期間 … 1週間
保存場所 … 冷蔵庫

Écorces d'agrumes confites

河内晩柑のピール

本格的なピールは日数をかけて徐々に砂糖を浸透させますが、
ここではもっと簡単な方法をご紹介します。伊予柑、はっさくなどを
使えば、色も味わいも違ったピールが手軽にでき上がります。

所要時間 … 40分(乾燥焼きの時間を除く)
保存期間 … 1ヵ月
保存場所 … 常温

材料(作りやすい分量)

河内晩柑の皮(伊予柑、はっさくなど
　　でも) … 1個分
グラニュー糖
　　… 適量(皮の重量の50〜100%)
しぼり汁 … 1/4個分
グラニュー糖(仕上げ用) … 適量

作り方

1
河内晩柑は1/4にカットし、皮をむ
く(ⓐ)。果肉は汁を絞る(1/4個分)。

2
たっぷりの水から皮を3度ゆでこ
ぼす(ⓑ)。

＊沸騰後、3分ほどしたら湯を捨て
て水からゆでる、を繰り返す。

3
2の皮を5mmほどの細切りにして
鍋に入れ、ひたひたの水でゆで
る。味をみて、苦みがあるような
ら水を替える。適度に風味とかす
かな苦みが残るくらいに調整する。

＊アルベド(皮の内側の白い部分)は、削
いでしまうときらきら透き通るよう
な部分がなくなってしまいます。削
ぐ場合も適度にそろえる程度にして
おきます。

4
3がやわらかくなったらグラニュ
ー糖としぼり汁を加え(ⓒ)、水分
がほとんどなくなるまで煮詰める
(ⓓ)。

5
網に並べて100℃に予熱したオー
ブンで30分ほど乾燥焼きしたら、
涼しいところで自然乾燥する(ⓔ)。

＊様子を見ながら60分くらい乾燥焼
きしてもいいし、最初から数日間か
けて自然乾燥してもいいです。

6
グラニュー糖をポリ袋に入れて、
ピールを入れカシャカシャ振って
まぶす。
保存容器に入れる。

＊砂糖をまぶすと乾燥が進んで若干
固くなるので、ゆでるときにはやわ
らかくしておくといいです。また、皮
と同量のグラニュー糖で煮詰める場
合、とろみのついた煮汁が多めにで
きるので、お菓子の材料として使う
ピールの場合は煮汁に入れたまま保
存すると便利です。

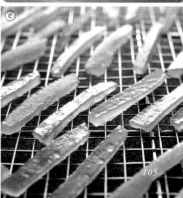

Variations
agrumes
柑橘類のお菓子

Oorangette

オランジェット

オレンジコンフィを乾燥させてチョコレートでコーティングすれば、
甘くてちょっぴりほろ苦いオランジェットに。

| オレンジコンフィ |

材料

オレンジコンフィ … 20枚
コーティング用チョコレート … 200g

＊クーベルチュールチョコレートを使う場合は、テン
パリング(→P.90)してください。

準備

・オーブンは100℃に予熱しておく。

作り方

1
オレンジコンフィは汁けを切り、キッチンペーパ
ーで表面の水けを軽くふき取る。

＊ふき取りすぎると仕上がりのツヤがなくなります。

2
1を網に並べ(ⓐ)、100℃のオーブンで1時間ほ
ど乾燥焼きする(途中で一度裏返す)。
必要ならベタつかなくなるまで網にのせたままさ
らに半日くらい乾燥させる。

3
チョコレートは塊のものなら刻み、湯煎(50℃くら
い)で溶かす。

4
2が冷めたら、3のチョコレートに1/3くらいつける。
余分についたチョコレートを落としたらOPPシー
トかオーブンペーパーにのせ、固まるまで置く。

gâteau renversé aux oranges

オレンジコンフィのアップサイドダウンケーキ

オレンジコンフィとそのシロップを贅沢に使った爽やかな焼き菓子です。
暑い季節にも軽めにいただけるよう、バターを減らして植物油に置き換えています。

オレンジコンフィ

材料(マフィン型6個分)

[生地]
薄力粉 … 70g
ベーキングパウダー … 小さじ1/8
グラニュー糖 … 65g
全卵 … 70g
シロップ(オレンジコンフィ) … 10g
生クリーム … 10g
無塩バター … 50g
植物油 … 15g
オレンジコンフィ(細かく刻んだもの)
… 25g

オレンジコンフィ(輪切り) … 6枚

[仕上げ]
シロップ(オレンジコンフィ)
… 小さじ2
ナパージュ … 小さじ2
水 … 少々

＊植物油はグレープシードオイルや米油などくせのないものなら可(私は太白ごま油を使用しています)。
＊生クリームの代わりに牛乳でもできます。
＊輪切りのオレンジコンフィと刻んだオレンジコンフィはどちらか一方だけでも大丈夫です。
＊ナパージュは加水加熱のタイプです。メーカーの使い方に従ってください。

準備

・オレンジコンフィ25gを5mm角に刻んでおく。
・材料は常温にしておく。
・型にやわらかくしたバターを塗り冷蔵庫に入れておく。
・薄力粉とベーキングパウダーは合わせてふるっておく。
・バターはレンジか湯煎で溶かして植物油と合わせておく。
・絞り袋を用意する。

作り方

1
生地を作る。

(I)ボウルに薄力粉、ベーキングパウダー、グラニュー糖を入れて、ホイッパーで混ぜ合わせる。

(II)別のボウルに全卵、シロップ(10g)、生クリームを入れ、ホイッパーで泡立てないように溶き混ぜる。Iに加えて粉けがなくなるまで混ぜる。

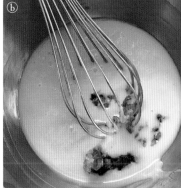

(III)無塩バターと植物油を3回に分けて加える。そのつどくるくるとしっかり混ぜる(ⓐ)。

(IV)刻んだオレンジコンフィを散らし入れ(ⓑ)、ゴムベラに替えてさっくりと合わせる。
ラップをかけて室温で30分休ませる。

(V)準備した型にオレンジコンフィを1枚ずつ敷く(ⓒ)。絞り袋にIVの生地を入れ(ⓓ)型に均等に絞り込む(ⓔ)。160℃に予熱したオーブンに入れ、160℃で18分ほど焼き色を見ながら焼く。

2
仕上げる。

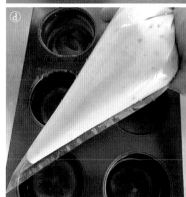

(I)仕上げの材料を混ぜてレンジで沸騰させる。1が焼き上がったらすぐに型から外し、熱いうちに刷毛で塗る。

(II)完全に冷めたら、乾燥しないように密閉容器に入れるか、1個ずつラッピングする。

＊ラッピングの際は、四角くカットした透明フィルムを輪切りのオレンジコンフィの面に密着させるときれいに袋詰めできます。

色鮮やかにおいしく仕上げるジャム作りのコツ

家庭でのジャム作りはコツをつかみ手際よくすすめると、市販品よりさらに色鮮やかで風味が生きた
とてもおいしいジャムを作ることができます。

より色鮮やかに風味よく仕上げるコツ

大切なのは、各工程の作業時間をできるだけ短く終えられるようにすることです。

●分量を考えましょう

一度に作る量を、ご自分のキッチンやお使いの鍋などの器具に合う分量にすることが大切です。一連の作業を一人で滞りなく、できるだけ素早くすませるためには、鍋の容量、何本の瓶を脱気できるのかなどを考慮して、私は一度に作るジャムに使う果物は500g～1kg、多くても2kgまでとしています。

例えば、カットする工程が長引けば断面が酸化し褐変し始めてしまう果物もあります。大鍋に何キロもの果物を入れれば、家庭用コンロの火では加熱時間がかかりすぎます。煮詰める工程が長引けば、色褪せてしまいがちですし、その段階で大丈夫だとしてもその後に脱気でさらに加熱時間が延びることを考えると脱気を含めたトータルの加熱時間を長引かせないことが大切です。

●ジャムを作るときには鍋を2つ用意しましょう

1つはジャム用、もう1つは並行して行う瓶の煮沸消毒用です。

煮沸消毒に使った湯は、そのまま沸かし直して脱気にも使っていきますので、鍋が2つあると途中で洗ったり、仮置きの場所を探したりすることなく作業をすすめられるのです。

でき上がったばかりの熱々のジャムをまだ熱の残る瓶に手際よく注ぎ、すぐに脱気作業に移るのが、一段と色鮮やかな自家製ジャムに仕上げるコツです。逆に言うと鍋に入らないから何度かに分けて瓶詰め、脱気をしたり、瓶にジャムを注いで最後まで終わるころに最初のジャムが冷めてきていたりするようでは、脱気に必要な時間にも差が出てしまいます。

●脱気後は段階的に冷却を

さらに、脱気が終わった瓶詰めは、段階的に冷却してあげることで速やかに余熱を取り去ります。ジャムの色を大切にする場合には、これも重要なポイントです。

脱気が終わったら、一旦瓶を取り出し、鍋を流しに移動し水を加えて60℃くらいにします。そこに瓶を戻し入れ、3分ほど経ったらさらに水を流し入れ湯の温度を下げます。これをもう一度繰り返し、人肌程度になれば、出して水けをふき取り、冷めれば完了です。あとは日付と内容のラベルを貼って、冷暗所で保存します。

酸味の強い果物をジャムにする場合

果物の熟度を見誤りまだ酸味が強い実(例えばまだジャムにするには若い杏)を使うと、味の点から入れる砂糖の量が多くなります。すると味の濃すぎるジャムができ上がってしまうことがしばしばあります。こんなときは奥の手としてオリゴ糖を適量加えてみてください。優しい甘さで全体が薄まってくれます。

例えばマーマレード類、特にレモンのマーマレードには必ずオリゴ糖を加えています。味がまろやかになるだけでなく一段とツヤよく仕上がります。

パイナップルやサクランボ、場合によっ

てはりんごなども、とろみがつきにくい場合、煮詰まってあめのようになってしまうことがありますので、様子を見てオリゴ糖を加えるとよいでしょう。

オリゴ糖は大腸まで届いてビフィズス菌のエサになることで腸内環境を整える効果があります。しかも砂糖よりも熱や酸に対して高い安定性があるのでその効果は変わらない、ということですしジャムを作り瓶詰め、保存する上でも何の問題もありません。

ジャム作りでは「ペクチン、酸、糖」のバランスが大切で、一般的にはペクチン0.5～

1%、pHが3.0前後、糖60%前後でゼリー化すると知られていますが、これを気にするあまりに味や風味が損なわれては意味がありません。果物の品種はもちろん、その年の天候、収穫のタイミングや熟度、さらには個体差があるのがジャム作りの難しくもあり、面白くもあるところです。

「ペクチン、酸、糖」のバランスは大切なことでもあるので念頭に置きながらも大らかに構え、家庭でのジャム作りは、季節感や好みの味や固さなどを探りながら楽しんで作ることが大切だと思います。

ゼリー状のとろみがつかない場合

ペクチンが少ない果物をジャムにする場合、煮詰めてもゼリー状のとろみがつかないことがあります。こんなときは市販のジャム用のペクチンを加えます。市販のペクチンは5倍のグラニュー糖と混ぜておくとだまにならずに安心です。最初からペクチンを加えることがわかっている場合は、分量内のグラニュー糖の一部と混ぜておけばよいのですが、最終段階でとろみがつかずにペクチンが必要になった場合は、少ないグラニュー糖でもよく混ぜて、ジャムの一部を取り出したところに入れて溶かし、鍋に

戻し入れて固さを確認しながら煮上げるとよいでしょう。

ジャム作りを頻繁にされる方は、柑橘類やりんごからペクチン液を取り出す方法もあります。そこまではしなくても家庭では、例えばガーデニングで人気のブラックベリーは、とてもペクチンが豊富です。これを瓶詰めにしておき、ペクチンの少ないブドウのジャムや煮崩れないチェリーのジャムに合わせてみるのもおすすめです。ペクチンの役割だけでなく、同系色の色合いで風

味が増し味も奥深くおいしく仕上がりますよ。ツヤよく味をまろやかにするのがオリゴ糖、ゼリー状のとろみをつけるのがペクチン。この使い分けを知っていると、ほとんどのケースに対応することができます。そして、その先の楽しみとしてオリジナルのミックスジャムや、香辛料、洋酒を加えた大人のジャムなど自由なアイデアを生かすことができると思います。私自身はシンプルなものを好んで作っていますが、オリジナルのジャム作りは手作りならではの楽しみではないでしょうか。

Chapitre 6

Confiture
et
sirop

ジャムとシロップ

*ジャムを入れた瓶を脱気
する際は、120ml瓶の場合、
沸騰後、弱火にして10〜12
分加熱し、脱気して鍋に戻
して3分加熱します。

Scones à ma façon

ポーリッシュ・スコーン

まずはどんなジャムにも合うオリジナルスコーンをご紹介します。
酵母を液種にして加える方法をパン作りではポーリッシュ法(液種法)と言います。
そこからポーリッシュ・スコーンと名づけました。少し独特ですが、簡単でとてもおいしいのでお試しください。

材料（8個分）

強力粉 … 90g
インスタントドライイースト … 2g
水（冬は30℃で）… 130mℓ
薄力粉 … 180g
ベーキングパウダー … 小さじ2
きび砂糖 … 35g
塩（天然塩）… 小さじ1/2
ミルクパウダー … 20g
無塩バター … 70g

＊ミルクパウダーは、市販のバターミ
ルクパウダーやスキムミルク、ココナ
ッツミルクパウダーやコーヒー用のク
リーミングパウダーでもおいしくでき
ます。

作り方

1
大きなボウルに強力粉を入れ、イ
ンスタントドライイースト、水を加
えて粉が見えなくなるまでヘラでざ
っと混ぜ、ラップをして室温に1時
間ほど置く（ⓐ）。

2
フードプロセッサーに薄力粉、ベー
キングパウダー、きび砂糖、塩、ミ
ルクパウダーを入れ、1cm角にカ
ットし冷やしておいたバターを加え
（ⓑ）、さらさらになるまで回す（ⓒ）。

3
1のボウルに2を加え、ヘラとカー
ドを使い、切るように混ぜ込む。粉
けがなくなれば、カードで切っては
重ねることを3〜4回繰り返し、ま
とめる（ⓓ）。

4
3をオーブンペーパーにはさんで
手のひらか麺棒で2cmほどの厚みに
のばし（ⓔ）、5.5cmの丸型で8個抜
く（ⓕ）。残りの生地を練らないよう
にまとめ平らにして抜いた生地を重
ねるようにして再度型抜きする（ⓖ）。

5
オーブンシートを敷いた天板に並べ、
別の天板で蓋をして15分室温に置
き、ふっくらしてきたら（ⓗ）170〜
180℃に予熱したオーブンで13〜
14分ほど、全体に焼き色がつくま
で焼く（ⓘ）。

＊焼く前に、生地の表面に牛乳または
豆乳ときび砂糖を適量加えて溶かした
ものを刷毛で塗ると、きれいな焼き色
がつきます。

Confiture de pommes

紅玉ジャム

酸味の強い紅玉は、ジャムやお菓子作りに最適です。
ここでは紅玉の美しい紅い色を生かした、
煮崩すタイプのジャムと形を残すプレザーブの作り方を紹介します。

所要時間 … 1時間
保存期間 … 冷暗所で 3 カ月（脱気あり）
　　　　　　冷蔵庫で 2 週間（脱気なし）

Point

・小さめの紅玉を使うのは、皮の比率が多くな
　るからです。
　また赤黒いくらいの深い色のりんごを選ぶと、
　より鮮やかな紅いジャムになります。
・煮崩すタイプのジャムは紅玉だけの酸味でレ
　モン汁は入れなくても作れます。

材料（120㎖瓶 5 本分）

紅玉(小さめ) … 6 個（実は皮と芯を除いた正味約640g）
水 … 鍋にひたひたくらい
グラニュー糖 … 300gくらい
レモン汁 … 小さじ 2 〜大さじ 1
オリゴ糖 … 30g（ツヤ出し、とろみづけ、味をマイルドにする効果）

準備

・瓶は煮沸消毒をしておく（→P.7）。

煮崩すタイプ（ジャム）の作り方

＊煮崩すタイプは最初に水煮してやわらかくしてから
砂糖を加えます。

1
紅玉はよく洗い、皮をなるべくつなげた状態でむき、
ホーローかステンレスの鍋に入れ、ひたひたの水を
加え皮のみ先に煮始める（沸騰後、蓋をして弱火）。

2
実は6等分し、芯を取る。芯をお茶パックに入れ
て1に加える。実を5mmくらいの厚さにスライス
し、色が変わらないうちに1に加える。

3
グラニュー糖の半量を加え、沸いたらアクを取り
蓋をしてやわらかくなるまで煮る（中〜弱火）。

4
残りのグラニュー糖とレモン汁を加え、蓋をせず
に好みの状態につぶしながら煮詰める。途中、皮
がすっかり脱色したら取り除いておく。お茶パッ
クも軽くヘラで押して絞ってから取り除く。

5
必要ならオリゴ糖を加えて一煮立ちさせ、瓶詰め、
脱気、冷却（→P.9）をする。

形を残すタイプ（プレザーブ）の作り方

＊形を残すタイプは最初に砂糖をまぶして脱水させてから煮始
めます。

1
紅玉はよく洗い、皮をなるべくつなげた状態でむき、実は
6等分し、芯を取り、1cmくらいのイチョウ切りにする。実
はボウルに入れ、グラニュー糖全量、レモン汁もまぶして
1時間置く。

2
ホーローかステンレスの鍋に皮とお茶パックに入れた芯を
入れ、ひたひたの水を加え煮る（沸騰後、蓋をして弱火で15分
くらい）。

3
1のグラニュー糖が溶けたら実を2の鍋に加え（ⓐ）、蓋を
せずに火にかけ、アクを取りながら20分ほど煮る。りん
ごがやわらかくなったら、皮とお茶パックを取り除き、煮
詰める（ⓑ）。瓶詰め、脱気、冷却（→P.9）をする。

gelée de pomme

りんごのゼリージャム

キラキラ光るゼリージャムは、
スコーンに添えたり、
紅茶に入れても素敵です。

所要時間 … 1時間30分
保存期間 … 冷暗所で5ヵ月(脱気あり)
　　　　　　冷蔵庫で3週間(脱気なし)

Point

・ゼリージャムをちょうどよく固めるには、
　糖(65〜70%)、酸(pH 3〜3.5)、ペクチ
　ンの割合(1%くらい)が重要です。どれが
　少なくても上手に固まりません。使用す
　るりんごにより仕上がりも変わります。

材料(120ml瓶約3本分)

りんご(紅玉、千秋など) … 500g
水 … 800ml
グラニュー糖 … 350g
クエン酸 … 1.5g

準備

・りんごはよく洗い、重さをはかる。
・りんごの重さの1.5〜2倍の水をホーローかステンレスの鍋に
　入れておく。
・瓶は煮沸消毒(→P.7)して、網に伏せておく。

作り方

1
りんごは1/4にカットして、種ごと3〜4mmのイチョウ切りにし、
準備した鍋の水に浸す(ⓐ)。

2
紙蓋をして、さらに鍋の蓋を少しだけずらしてのせ、りんごが
十分にやわらかくなるまで煮出す(沸騰後、火を弱めて20〜30分くらい)。

3
こし器に固く絞った布巾かさらしを敷いて、りんごを汁ごとこ
す。ヘラなどで、濁りが出ない程度に押して、汁を出す(ⓑ)。

*絞りすぎたり、もみ出すとゼリーが濁ってしまいます。

4
鍋に3とグラニュー糖を全量入れ、強火にかける。沸騰したら、
アクをていねいに取りながら煮詰める。

*よりクリアーな仕上がりにするためには、煮詰め作業の後半は、レ
ードルで静かに混ぜるようにしましょう。アクをまめにすくいながら、
鍋肌にゼリー状の塊ができてきたら、これを混ぜ込まないように取り
去り、レードル自体もきれいに保つとよいでしょう。

5
クエン酸をごく少量の湯に溶かしておく。

6
ゼリー液の温度が104℃になり(20分くらいかかる)、ヘラから滴り
落ちる最後のしずくが固まるくらいになったら5のクエン酸液
を加え、再び104〜105℃になったら火を止める。

*紅玉の場合、ペクチンが多めなので、103℃でクエン酸液を加え、
再び103〜104℃になったら終了するといいです。

7
準備した瓶にゼリー液を注ぎ入れる。必要に応じて脱気、冷却
をする(→P.9)。

Confiture de prunes

プラムジャム

プラムは大石早生が作りやすく香りもよいのでおすすめです。

所要時間 … 40分
保存期間 … 冷暗所で3ヵ月(脱気あり)
　　　　　　冷蔵庫で2週間(脱気なし)

材料(120㎖瓶4本分)

プラム(熟したもの) … 500g
グラニュー糖
　… 250g(果実の50%〜)
レモン汁 … 小さじ1

準備

・プラムは洗って水けを切っ
　ておく。
・瓶は煮沸消毒をしておく
　(→P.7)。

作り方

1

厚手のステンレスかホーローの鍋に水
80㎖を入れ、沸かしながらプラムの実
をざくざくカットして鍋に加える(ⓐ)。

2

蓋をして中火で3分ほど蒸し煮にする。
皮がやわらかくなり水分が出たら、グ
ラニュー糖を加えて沸かし(ⓑ)、沸騰
したらアクを取りながら煮続ける。味
をみて必要なら追加のグラニュー糖と
レモン汁で調整する。とろみがついて
きたら(ⓒ)、氷水に落として固まり具
合を調整する(→P.67)。

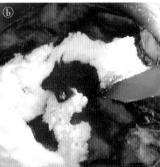

3

ちょうどよい固さになったら火を止め、
煮沸した瓶にレードルで注ぎ入れる。
必要に応じて脱気、冷却(→P.9)をする。

Confiture de myrtilles

ブルーベリージャム

ブルーベリーは品種によっては皮がやわらかくなるのに時間がかかることがあります。
あらかじめ冷凍しておくと煮崩れしやすくなり短時間でおいしいジャムができます。

所要時間 … 45分
保存期間 … 冷暗所で4ヵ月(脱気あり)
　　　　　　冷蔵庫で2週間(脱気なし)

Point

・ブルーベリーはペクチンが多く、ジャムが冷めると固くなりやすいので、軽くとろみがついてきたら
　味と固さを確認して早めに仕上げましょう。

材料(120mℓ瓶3本分)

ブルーベリー(冷凍) … 400g
水 … 100mℓ
グラニュー糖
　… 200g(果実の50%〜)
レモン汁 … 小さじ2

準備

・瓶は煮沸消毒をしておく
　(→P.7)。

作り方

1
冷凍しておいたブルーベリーは、ざるに入れざっと水をかけ回してから鍋に入れ水を加える。

2
強めの中火にかけ、沸いたらアクを取り蓋をして弱火で5分ほど蒸し煮にする。

＊生のブルーベリーの場合、皮が十分にやわらかくなるまで水煮します。

3
グラニュー糖の半量を加え、皮が完全にやわらかくなるまで蓋をせずにアクを取りながら煮る。

4
残りのグラニュー糖とレモン汁を加え、軽くとろみがつくまで煮続ける。早めに味をみて追加のグラニュー糖とレモン汁で調整し、固さの確認をする(→P.67)。

5
瓶詰めをしたら、必要に応じて脱気、冷却(→P.9)をする。

Memo

　ブルーベリーの量が少ない場合は他のベリー類と合わせ、ミックスベリージャムを作りましょう。ブルーベリーだけより酸味が増して深い味わいになりますよ。種が多い場合は、一部こして種を減らしましょう。

Confiture de framboises

ラズベリージャム

私はお菓子作りで残った生のラズベリーをそのつど冷凍しておき、たまってきたらジャムにします。
ラズベリージャムはお菓子作りにも使いやすいので、ストックしておくと便利です。

所要時間 … 30分
保存期間 … 冷暗所で3ヵ月(脱気あり)
　　　　　　冷蔵庫で2週間(脱気なし)

材料(120㎖瓶約3本分)

ラズベリー … 400g
グラニュー糖 … 200g(果実の50%〜)
レモン汁 … 小さじ2

準備

・瓶は煮沸消毒をしておく(→P.7)。

作り方

1
ラズベリーは、ざるに入れざっと水をかけ回してから鍋に入れグラニュー糖とレモン汁を加える。

2
中火にかけ、混ぜながらつぶし、沸いたらアクを取りながら煮る。

3
軽くとろみがついてきたら、味をみて追加のグラニュー糖とレモン汁で調整し、固さの確認をする(→P.67)。

4
瓶に入れ、必要に応じて脱気、冷却(→P.9)をする。

Confiture de rhubarbe

ルバーブジャム

ルバーブはフキのように見えますが、タデ科の野菜です。
爽やかな酸味を持ち、加熱するとすぐに煮崩れるのが特徴で、おもにジャムやお菓子作りに用いられます。

所要時間 … 1時間
保存期間 … 冷暗所で2ヵ月（脱気あり）
　　　　　　冷蔵庫で10日間（脱気なし）

材料（120mℓ瓶4本分）

ルバーブ … 500g
グラニュー糖 … 150〜250g
　　　　（ルバーブの30〜50%）
レモン汁 … 小さじ2〜

準備

・瓶は煮沸消毒をしておく
　（→P.7）。

作り方

1
洗って2cmの長さにカットしたルバーブ、グラニュー糖の半量、レモン汁をステンレスかホーローの鍋に入れ、30分以上置く。水が出てきたら混ぜながら中火にかける。

2
沸騰したらアクを取り除きながら煮る。すぐに溶けてくるので残りのグラニュー糖を加えレモン汁で調整し、好みの状態まで煮る。

3
瓶に入れ、必要に応じて脱気、冷却（→P.9）をする。

Memo

　ルバーブには主に赤と緑、そのグラデーションがありますが、ジャムにするとグラデーションのものは肌色っぽく、緑は褪せたような色になってしまうので、私はこれまで緑のルバーブにビーツ、ラズベリー、いちごなどを合わせてジャムを作ってきました。赤い色が得られるだけでなく、それぞれに複雑な風味と味わいが生まれます。

・ビーツを入れる場合
きれいに洗い皮をむいたビーツ（ルバーブ1kgに対しビーツ1/4〜1/2個）は、刻んで一緒に煮ます。色が出たら途中で取り除くか、火にかける直前に加えるといいでしょう。

・その他の果物を加える場合
ルバーブは煮溶けるのが早いので、それに合わせて加えるタイミングを変えます。いちごは形を残すなら小粒のものをグラニュー糖にまぶすところから一緒に、形を残さないなら適当に刻み火にかけるところから合わせてつぶしながら煮ます。ブルーベリーは冷凍したものを先に煮始め、皮がやわらかくなったらルバーブを加えます。

Confiture de groseilles rouges

レッドカラントジャム

レッドカラントは和名では赤フサスグリ。珍しいレッドカラントのジャムはプレゼントにも喜ばれると思います。

所要時間 … 30分
保存期間 … 冷暗所で4ヵ月(脱気あり)
　　　　　冷蔵庫で2週間(脱気なし)

材料(120㎖瓶3本分)

レッドカラント(冷凍) … 500g
グラニュー糖 … 250g
レモン汁 … 小さじ2

準備

・瓶は煮沸消毒をしておく(→P.7)。

作り方

1
ステンレスかホーローの鍋にすべての材料を入れ、混ぜながら中火にかける。

2
グラニュー糖が溶けて水分が出てきたら強火にする。沸騰したら中央に集まってきたアクを取り除き、中火にして実がやわらかくなったら、半分くらいこして種を減らす(ⓐ)。

3
とろみがついてきたらでき上がり。ペクチンがかなり多いので、緩めで終了します(ⓑ)。

中も菓子の材料として使う場合は、普通に仕上げて固まったものを使うときに用途に応じて緩めてもよいでしょう。

4
瓶に詰め、必要に応じて脱気、冷却(→P.9)をする。

Memo

レッドカラントのその宝石のようなきらきら光る粒が房になっている様子は美しく、パティスリーではケーキのデコレーションでもよく見かけるようになりました。ジャムにするにはたくさんの実が必要になりますので、少しずつ収穫したら冷凍をしておいてたまったらジャムにしてもよいですね。また、製菓材料の通販で冷凍のものも求めやすくなってきましたので、たくさん作る際には便利です。

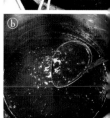

Confiture de courge cireuse

冬瓜ジャム

冬瓜のジャムは何も言わなければ
「りんごジャム？」と思うような爽やかな味と食感です。

所要時間 … 1時間
保存期間 … 冷暗所で4カ月（脱気あり）
　　　　　　冷蔵庫で2週間（脱気なし）

材料（120㎖瓶4本分）

冬瓜（皮をむいた正味） … 800g
グラニュー糖 … 350g
レモン汁 … 大さじ1
白ワイン（または赤ワイン） … 120㎖

準備

・瓶は煮沸消毒をしておく（→P.7）。

作り方

1
冬瓜は500gを薄いイチョウ切りか、
5㎜の角切りにする（ⓐ）。残り300g
はすりおろす。

2
鍋にすべての材料を入れ、強火にか
けて沸かし、中央にアクが集まって
きたら取り除き、中火にしてとろみ
がつくまで煮詰める（ⓑ）。

＊とろみがつきにくいので、冬瓜は4
割ほどすりおろして加えます。このと
きワタも一緒にすりおろすととろみが
つきやすくなります。
＊白ワインはなければ入れなくても大
丈夫ですし、赤ワインでも素敵です（ⓒ）。

3
瓶に詰め、必要に応じて脱気、冷却
（→P.9）をする。

Sirop de shiso rouge

赤じそシロップ（濃縮タイプ）

赤じそのシロップは、毎年いろいろな配合で作っていますが、今回は炭酸や氷水で薄めて飲む濃縮シロップをご紹介します。サラダのジュレドレッシングにアレンジしても素敵です。

所要時間 … 50分
保存期間 … 数カ月
保存場所 … 冷蔵庫

Point

・水が少ないですが、蓋をして火にかけるとしそがしんなりして全体が浸る状態になります。
・赤じそは傷みやすいので、入手した日のうちに使いましょう。
・ストレートジュースより日持ちもしますし、ゼリーやシャーベットなどにアレンジできます。甘みや酸味は好みで調整してください。

材料(作りやすい分量)

赤じそ(太い茎を除いた正味) … 200g
水 … 400mℓ
上白糖 … 90g
はちみつ … 70g
レモン汁 … 大さじ3

準備

・瓶は煮沸消毒をしておく(→P.7)。

作り方

1
赤じそは、ざぶざぶとよく水洗いして太い茎のみ除く。鍋に分量の水、赤じそを入れ、蓋をして中火にかける(ⓐ)。

2
沸騰したら蓋を取り、5分ほど煮出す。すっかり葉の色が抜けて緑に変わったらざるにあげ、トングなどでエキスをしぼる(ⓑ)。

3
上白糖とはちみつを計量し、鍋に加え(ⓒ)、10分ほど煮詰める。

4
最後にレモン汁を加えると色が真っ赤に変わるので(ⓓ)、一煮立ちしたら火を止めてこし、清潔な保存瓶に入れる。速やかに冷まして冷蔵保存する。

Sirop de gingembre

新しょうがのシロップ

暑い時期が旬の新しょうがでシロップを作ります。
シロップを取った後の新しょうがも最後まで活用できるレシピをご紹介します。

所要時間 … 20分
保存期間 … 1ヵ月
保存場所 … 冷蔵庫

Point

・シロップ作りはかなり自由度が高いので、甘みはコクが出るようはちみつでも、ピンクの色を生かすなら
　上白糖やグラニュー糖でも、好きなものを混ぜるとよいでしょう。
・シロップを取った後の新しょうがで何を作るかによってスライスの厚みも変えるのがコツです。

材料(400㎖瓶1本分)

新しょうが … 200g
水 … 400㎖
はちみつ(または好みの砂糖) … 150g
レモン汁 … 小さじ2〜大さじ1

準備

・瓶は煮沸消毒をしておく(→P.7)。

作り方

1
新しょうがは洗って汚れを落とし、スライスする。

＊佃煮を作る場合は1mm(ⓐ)、しょうが糖なら2〜3mm(ⓑ)ほどにスライスしましょう。

2
鍋に1と水を入れ、火にかけ、沸騰したら中央に集まったアクを取り火を弱めて8分ほど(厚いものなら10分ほど)ゆでる。

3
新しょうがはざるにあげ、とっておく。ゆで汁を鍋に戻し、はちみつとレモン汁を加えて一煮立ちさせ、瓶に入れる。

電子レンジでできる簡単な方法

洗った新しょうがは1mmにスライスして、清潔な保存瓶にしょうがとはちみつか砂糖(しょうがと同量〜2倍)を交互に入れたら、瓶の口にラップをふわりとかけ、中身が沸騰するまで電子レンジで加熱します。最後にレモン汁を適量加え、冷めたら、蓋をして冷蔵保存しましょう。

＊新しょうがとはちみつ(または好みの液糖か砂糖)は、瓶の2/3くらいまでにしておきます。たくさん入れると沸騰したときにエキスが流れ出てしまう恐れがあります。粉末の砂糖だけで作るときは適宜最小限の水分を足してください。甘みはしょうがと同量だと辛みが強めです。2倍くらい入れておくと味的にも保存にもよいかと思います。水や炭酸で5倍に薄めて飲みます。中のしょうがはそのままでもおいしいですし、お酢をからめてガリ風のつけ合わせにもなります。

残った新しょうがで作る…

佃煮風

作り方

1
エキスを取った後の新しょうがと刻んだプルーン80g、ひたひたの水を鍋に入れ、強めの中火にかける。

2
はちみつ(あるいは好みの砂糖)、しょうゆで調味し、最後に削り節を2パックほど加えて仕上げる。

しょうが糖

作り方

1
エキスを取った後の新しょうがを鍋に入れ、グラニュー糖100gを加えて5分ほど置く。水が出てきたら、火にかけ一煮立ちしたら火を止め1時間ほど完全に冷めるまで置く。

2
再び強めの中火にかけ混ぜながら水分がほとんどなくなったら、火を止め、木ベラで混ぜ続ける。鍋の温度が下がり、溶けていた砂糖が再結晶して白く粉をふいたようになればでき上がり。

＊上白糖やはちみつ、水あめなどを入れると再結晶しなくなります。グラニュー糖を使いましょう。

おわりに

　ミル・ガトーの季節仕事、果物の瓶詰めから展開する
お菓子作りはいかがでしたか。

　季節仕事は試行錯誤の連続です。そして終わりがあり
ません。毎年、豊作や不作、少しずつ様子の違う季節の
果物と向き合い、それまでの経験からこうだろう、と作業
を始めるのですが「あれ、違ったか」と新たな結果が出てし
まうことも多々あります。

　そんなことを積み重ね、ようやく大丈夫だろう、という
ところまできたものを今回、紹介させていただきました。
しかし作り方や配合は、今後さらに改良するかもしれない
こともお伝えしておきます。今年より来年はよりよいもの
を作ろうとするでしょうし、それがずっと続くからです。

　果物の鮮やかな色や香り、風味もとじ込めた瓶詰めは
愛おしく、並べて見ていると、そこから新たなお菓子作り
のインスピレーションもわいてきます。そして時間をかけ
て作った自家製の素材を使ったお菓子は、何よりの贅沢
です。瓶詰め作りの達成感やお菓子を生み出すわくわく
感を皆さんと共有できたら、と思います。

森岡麻以　Mai Morioka

製菓衛生師。
「お菓子教室Mille-Gâteaux(ミル・ガトー)」主宰。
長期にわたる海外生活の後、つくばでお菓子教室をオープン。
レッスンでは、お菓子作りの疑問を一つ一つ解決しながら、
各自が自分好みの「おうち製菓」を楽しみながら実現できるよ
うになることをめざしている。おいしいお菓子を作るには「副
材料を自家製にすることが大事」ということを感じ、素材から
作るお菓子作りを心がけている。
Instagram；@michoumama

季節をとじ込める
果物とお菓子のレッスン
シロップ漬け、コンフィ、セミドライ、ジャム、ケーキ

2020年　9月21日　初版第1刷発行
2021年11月21日　初版第4刷発行

著者　　　森岡麻以
発行人　　山口康夫
発行　　　株式会社エムディエヌコーポレーション
　　　　　〒101-0051　東京都千代田区神田神保町一丁目105番地
　　　　　https://books.MdN.co.jp/
発売　　　株式会社インプレス
　　　　　〒101-0051　東京都千代田区神田神保町一丁目105番地
印刷・製本　シナノ書籍印刷株式会社

Printed in Japan

【カスタマーセンター】
造本には万全を期しておりますが、万一、落丁・乱丁などがございましたら、送料小社負
担にてお取り替えいたします。お手数ですが、カスタマーセンターまでご返送ください。

◎落丁・乱丁本などのご返送先
〒101-0051　東京都千代田区神田神保町一丁目105番地
株式会社エムディエヌコーポレーション カスタマーセンター
TEL：03-4334-2915

◎内容に関するお問い合わせ先
info@MdN.co.jp

◎書店・販売店のご注文受付
株式会社インプレス　受注センター
TEL：048-449-8040／FAX：048-449-8041

ISBN978-4-295-20031-4
C2077

制作スタッフ

デザイン　　　太田玄絵
カバー撮影　　回里純子
本文撮影　　　森岡麻以、回里純子
編集協力　　　高島直子
編集長　　　　山口康夫
編集　　　　　見上 愛